D1996144

DIE NEUE ERFOLGS GYMNASTIK

Luitpold Pini

DIE NEUE ERFOLGS GYMNASTIK

Supertraining für Körper und Seele

Problemzonen · Psycho-Training · Ausdauersport
Richtige Ernährung

Ein
JOURNAL
FÜR DIE FRAU
Buch im
MARY HAHN
VERLAG

Der Autor:

Luitpold Pini, Jahrgang 1945, verheiratet, drei Kinder. Autor eines Skilehrbuches für Familien und Kinder, hat viele Jahre als Sportjournalist, Skilehrer und verantwortlicher Redakteur von Eltern- und Kinderzeitschriften gebarbeitet.

Hannelore Schwarz-Böhm, Jahrgang 1943, Mutter eines Sohnes, freiberufliche Gymanstiklehrerin, hat die Übungen für die Problemzonen- und Psycho-Gymnastik zusammengestellt.

Ein Buch aus der Produktion der Zeitschrift JOURNAL FÜR DIE FRAU

Redaktion: Geert Zebothsen
Konzeption und Text:
Luitpold Pini
Lektorat: Hermann Hemminger
Grafische Gestaltung:
Hartwig Kloevekorn
Umschlag: Wolfgang Heinzel
Herstellung: Franz Nellissen
Fotos: Uli Heiser, Wolfgang Neeb
Gymnastik und Fotoproduktion:
Hannelore Schwarz-Böhm

© 1993 Mary Hahn Verlag in der F. A. Herbig Verlagsbuchhandlung GmbH, München
Alle Rechte der Vervielfältigung und Verbreitung einschließlich Film, Funk, Fernsehen sowie der Fotokopie und des auszugsweisen Nachdrucks vorbehalten
Satz: Atelier Hans Numberger, München
Gesetzt aus: Times normal, Futura leicht mit Futura fett, Linotype System 4
Lithografie: Czech + Partner, München
Druck und Bindearbeiten: Mohndruck, Grafische Betriebe GmbH, Gütersloh
Printed in Germany
ISBN 3-87287-354-7

Die Ratschläge in diesem Buch sind von Autor und Verlag sorgfältig geprüft, dennoch kann keine Garantie übernommen werden. Eine Haftung des Autors bzw. des Verlages und seiner Beauftragten für Personen-, Sach- und Vermögensschäden ist ausgeschlossen.

Was wir mit diesem Buch erreichen wollen - und was Sie mit diesem Buch erreichen können

Die ideale Figur – gibt's die überhaupt? Im Grunde ist das eine Geschmacksfrage. Aber niemand muß seine Proportionen als unabänderlich hinnehmen. Mit der Problemzonen-Gymnastik können Sie ganz gezielt bestimmte Körperbereiche formen – damit Sie so aussehen, wie Sie es selbst gerne möchten. Die Problemzonen-Gymnastik steht deswegen am Anfang dieses Buches, jeweils angereichert durch Zwischendurch-Übungen, die sich überall und zu jeder Zeit, zur Not auch in Hut und Mantel, machen lassen.

Problemzonen-Gymnastik

Zwischendurch-Gymnastik Übungen

In dem Kapitel Ausdauersport stellen wir Ihnen dann fünf Sportarten vor, die besonders gesund sind: Gehen, Laufen, Radfahren, Schwimmen und Skilanglauf – ideale Ergänzung für Ihre gymnastischen Aktivitäten.

Ausdauer-Sport

Mit der anschließenden Psycho-Gymnastik können Sie sich richtig entspannen oder ganz munter machen – je nachdem, wonach Ihnen der Sinn steht. Dazu gehören auch bioenergetische Übungen und sogar Yoga für Anfänger.

Psycho-Gymnastik

Und weil Sport ohne vernünftige Ernährung nichts ist (gilt eigentlich auch umgekehrt), geben wir am Schluß noch eine Menge wichtiger Tips für gesundes Essen und Trinken.

Checkliste

Nun wissen Sie, was wir mit diesem Buch erreichen wollen – und was Sie mit diesem Buch erreichen können: daß Sie sich rundum wohl fühlen!

Ihre Redaktion JOURNAL FÜR DIE FRAU

Inhalt

Wie fit sind Sie?

Mit der nachfolgenden Problemzonen-Gymnastik, die für Fitness und gutes Aussehen sorgt, können Sie immer beginnen – egal, wie gut oder schlecht Sie sich gerade fühlen. Das gilt auch für die Zwischendurch-Übungen auf den Seiten 14/15, 20/21, 26/27, 32/33, 38/39, 44/45, 50/51, 56/57 und 62/63, die unsere Problemzonen-Gymnastik ergänzen und praktisch an jedem Ort durchführbar sind. Machen Sie bitte trotzdem den kleinen Fitness-Test hier – und wiederholen Sie ihn alle paar Wochen. Dann sehen Sie am besten, wie schnell (und mit wie wenig Trainingsaufwand) Sie vorankommen

Test I: Zehenkuß

Setzen Sie sich auf den Boden. Versuchen Sie, eine große Zehe mit Hilfe beider Hände zur Nasenspitze zu ziehen

Zehe berührt Nase	10 Punkte
Zwischenraum bis 5 cm	6 Punkte
Zwischenraum bis 10 cm	3 Punkte

Test II: Klappmesser

Stellen Sie sich mit durchgedrückten Knien etwa hüftbreit hin, beugen Sie den Oberkörper nach vorne und versuchen Sie, mit den Händen den Boden zu berühren

Hände liegen flach auf dem Boden	10 Punkte
Fingerspitzen berühren den Boden	6 Punkte
Fingerspitzen sind noch 10 cm entfernt	3 Punkte

Test III: Kniebeuge

Die Beine stehen etwa hüftbreit nebeneinander, die Arme sind waagerecht nach vorne ausgestreckt. Gehen Sie jetzt – auf Zehenspitzen – in die Hocke

	30mal	10 Punkte
	18mal	6 Punkte
	8mal	3 Punkte

Test IV: Schlange

Legen Sie sich auf den Bauch. Die Hände sind nach hinten gestreckt und berühren mit den Innenflächen den Po. Jetzt versuchen Sie gleichzeitig Oberkörper und Beine anzuheben. Sie schaffen es, diese Stellung zu halten

40–50 Sekunden	10 Punkte
30–40 Sekunden	6 Punkte
10–20 Sekunden	3 Punkte

Test V: Schere

Sie liegen auf dem Rücken, die Hände (Innenflächen nach unten) zeigen in Richtung Füße. Heben Sie nun Oberkörper und Beine gleichzeitig so weit an, daß die gestreckten Arme den Fußansatz berühren. Sie bleiben in dieser Stellung

40–50 Sekunden	10 Punkte
25–35 Sekunden	6 Punkte
5–20 Sekunden	3 Punkte

Test VI: Sprungstütz

Gehen Sie in die Ausgangsstellung des Liegestützes – also Arme und Beine gestreckt auf den Boden gestützt, die Fingerspitzen zeigen nach vorne, die Füße ruhen auf den Zehenspitzen. Versuchen Sie, mit beiden Beinen gleichzeitig vor und dann in die Ausgangsstellung zurückzuspringen

15mal	10 Punkte
9mal	6 Punkte
4mal	3 Punkte

Bitte zählen Sie jetzt Ihre Punkte zusammen

Bis 20 Punkte:

Sie sollten mehr für Ihre Beweglichkeit tun. Aber lassen Sie sich nicht entmutigen. Fangen Sie langsam an – Treppensteigen, längere Strecken spazierengehen, zwischendurch ein paar Gymnastikübungen. Der nächste Check fällt bestimmt schon besser aus.

Bis 40 Punkte:

Sie könnten mit diesem Ergebnis fast zufrieden sein. Wenn Sie sich Ihre Beweglichkeit, Ihr gutes Aussehen erhalten wollen und zugleich etwas für Ihre Gesundheit tun möchten – mit diesem Buch haben Sie die beste Starthilfe erworben.

Bis 60 Punkte:

Sie sind wirklich topfit. Vermutlich können Sie sich ein Leben ohne Sport gar nicht vorstellen. Entscheidend aber ist, daß Sie auch auf den richtigen Ausgleichssport achten. Die Ausdauersportarten, die wir Ihnen auf den Seiten 70 bis 81 vorstellen, sind dafür wirklich ideal.

Das bringt Ihren Körper in Schwung

Bevor Sie die einzelnen Bereiche gezielt angehen, hier erst einmal zur Einstimmung fünf Übungen, die für viele wichtige Muskelpartien gut sind und zugleich Ihren Kreislauf stimulieren

1 Die Beine weit grätschen. Das Seil mit ausgestreckten Armen über dem Kopf halten. Jetzt schwungvoll den Oberkörper nach vorne beugen und den linken Arm zum rechten Fuß schwingen. Zurück in die Ausgangsstellung, Arme nach oben strecken, den ganzen Körper dehnen, dann den rechten Arm zum linken Fuß schwingen. Jeweils 10mal

DER EXTRA-TIP

Sich morgens früh im Bett zu strecken und zu dehnen – das ist schon die erste Gymnastik des Tages. Dazu einige Kniebeugen, etwas Armkreisen, ein paar Minuten Laufen auf der Stelle (wichtig: weiche Unterlage) – prompt haben Sie Ihren Kreislauf auf Touren gebracht.

Am Vormittag und dann wiederum zwischen 16 und 20 Uhr ist Ihr Körper am besten auf sportliche Aktivitäten eingestellt. Aber natürlich muß das auch mit Ihrer persönlichen Zeitplanung harmonieren. Finden Sie selbst heraus, wann Sie genügend Zeit (und vor allem Lust) haben.

2

Stellen Sie sich gerade hin, fassen Sie ein Seil (am besten ein handelsübliches Sprungseil) mit beiden Händen. Abwechselnd drücken Sie nun mit einem gestreckten Bein das Seil von Ihrem Körper weg. Versuchen Sie dabei, die Beine so hoch wie möglich zu ziehen.
Je Bein 4mal

Wenn Sie nebenbei etwas tun wollen: Nach jedem Kapitel über das Training bestimmter Problemzonen finden Sie Anleitungen für die Gymnastik zwischendurch. Los geht's auf der übernächsten Seite.

3

Gerade hinstellen, das Seil kurz (etwa 40 cm) nehmen und mit hohen Schritten darübersteigen – und wieder zurück. Jeweils 8mal

4

Wie bei Übung 3 das Seil kurz nehmen und aus der Hocke darüberspringen. Vor und zurück je 6mal

5

Fassen Sie das Seil mit beiden Händen, schlagen Sie es über den Kopf, und springen Sie dann darüber. Wechseln Sie das linke und rechte Bein ab, springen Sie zwischendurch mit beiden Beinen über das Seil. So oft es Ihnen Spaß macht

DER EXTRA-TIP

Wenn Sie auf dem Fußboden üben wollen, sollten Sie für die richtige Unterlage sorgen – etwa eine dicke Wolldecke. Abgesehen von ein paar Dehnübungen, die Sie munter machen, sollten Sie nie auf dem Sofa oder im Bett üben – dort sinken Sie zu tief ein. Und sorgen Sie für frische Luft. Wie wichtig Sauerstoff für alle Körperfunktionen ist, erfahren Sie auf den Seiten 70/71.

Zwischendurch (1)

Dies ist in wesentlichen Teilen ein sogenanntes isometrisches Training, bei dem Muskeln ohne Bewegung angespannt werden. Schon ein paar Sekunden tägliche Stimulanz bestimmter Muskeln – das kann zu jeder Zeit an jedem Ort passieren – lassen deren Querschnitte beträchtlich ansteigen: Die Muskeln werden mit Isometrik also nicht länger (was mehr Kraft bringen würde), sondern dicker. Wenn Sie Körperzonen gezielt formen wollen, ist Isometrik geradezu ideal. Sie müssen ja nicht mit Muskelpaketen wie ein Bodybuilder herumlaufen. Allerdings sollte Isometrik nur in Verbindung mit Ausdauersport (siehe Seite 70–81) betrieben werden – sonst ist die Gefahr von Muskelzerrungen groß.

1 Das entspannt den Nacken

Legen Sie sich auf den Bauch, stützen Sie sich mit den Ellbogen auf. Legen Sie das Kinn in die Hände, und pressen Sie es etwa 6 bis 10 Sekunden dagegen. Dabei langsam aus- und einatmen. 4- bis 6mal wiederholen

2 Das entspannt die Schultern

Diese Übung können Sie im Stehen oder Sitzen machen. Verschränken Sie die Arme vor der Brust, legen Sie die Hände auf die Schultern. Den Rücken bitte gerade halten. Jetzt ziehen Sie die Schultern mit den Händen kräftig nach unten. Das ganze 6 bis 10 Sekunden lang, dabei langsam einatmen.
Ausatmen, dann 4- bis 6mal wiederholen

Weiter geht es mit der Zwischendurch-Gymnastik auf Seite 20

Das Drei-Minuten-Sonderprogramm

Jede Übung, 2- bis 3mal ausgeführt, hält Sie elastisch und beweglich: Stellen Sie sich auf die Zehenspitzen, strecken Sie die Hände so weit wie möglich nach oben. Dann lassen Sie den Körper locker in die Kniebeuge fallen und die Arme nach hinten durchschwingen. In den Knien nachfedern – und dann mit Schwung wieder in die Ausgangsstellung zurück.

Stellen Sie sich mit gestreckten Beinen etwa hüftbreit auf, die Arme sind waagerecht zur Seite gestreckt. Jetzt beugen Sie den Oberkörper nach vorne und berühren mit der rechten Hand den linken Fuß. Dann zurück in die Ausgangsstellung, mit beiden Armen zurückfedern und die Übung fließend fortsetzen: linke Hand zum rechten Fuß – und wieder aufrichten.

Das hält Ihren Busen in Form

Fünf Übungen, die die Haut straffen und zugleich das Bindegewebe festigen

1 Stehen Sie aufrecht, Rücken gerade, mit gegrätschten Beinen. Die Handflächen drücken Sie in Brusthöhe gegeneinander. Versuchen Sie, jeweils gegen den Widerstand der anderen Hand, eine Hand nach außen zu schieben – nicht ruckartig, sondern langsam und fließend. 10mal wiederholen

2

Knien Sie sich mit gekreuzten Unterschenkeln auf den Boden, die Arme sind vor der Brust aufgestützt. Jetzt strecken und beugen Sie die Arme im Wechsel. Eine Übung, die auch Ihrem Rücken guttut und Ihre Haltung verbessert.
8mal wiederholen

DER EXTRA-TIP

Vermeiden Sie bei allen Übungen ruckartige Bewegungen. Muskeln sind wie Gummibänder – sie sollten langsam gedehnt und langsam wieder in ihre Ruhestellung zurückgelassen werden.

Brausen Sie Ihren Busen möglichst täglich in kreisenden Bewegungen mit kaltem Wasser ab. Vergessen Sie nach dem Abtrocknen nicht das Eincremen: Spezielle Bodylotions wirken wie eine sanfte Massage auf die Haut.

Sind Sie ins Schwitzen gekommen? Dann sollten Sie nicht gleich unter die Dusche springen. Lassen Sie Ihren Puls langsam wieder zum Normalwert zurückkommen. Gönnen Sie sich ein paar Minuten Entspannung, versuchen Sie, bewußt zu atmen. Wichtige Tips dazu finden Sie auf den Seiten 90/91.

DER EXTRA-TIP

Gymnastik soll Spaß machen. Horchen Sie bei allen Bewegungen in sich hinein – tut das noch gut, oder tut es inzwischen weh? Keine Übungsprogramme nachholen oder – wenn Sie eine Trainingsliste führen – im voraus machen. Setzen Sie sich nie unter Leistungsdruck, sonst vergeht Ihnen schnell der Spaß an der Gymnastik.

Viele Frauen trainieren gerne allein, weil sie nur dann so richtig abschalten können. Wenn Ihnen das zu langweilig ist: Sprechen Sie mit Arbeitskolleginnen, Freunden gemeinsame Übungszeiten ab. Vielleicht gelingt es Ihnen ja sogar, Ihre Familie mit einzubeziehen.

3

Setzen Sie sich auf die Fersen, und stoßen Sie abwec selnd den linken und rechten Arm nach vorne – so, a ob Sie gegen einen unsicht baren Sandsack boxen wür den. Beim Zurücknehmen der Arme ziehen Sie die El bogen kräftig zurück. Dan stoßen Sie erneut kräftig nach vorne. Bei dieser Übung ganz aufrecht und gerade sitzen.
30mal wiederholen

4

Setzen Sie sich wieder auf die Fersen, und strecken Sie die Arme weit nach vorne. Dann ballen Sie die Fäuste und kreuzen im raschen Wechsel die Arme übereinander. Diese Übung können Sie auch immer mal zwischendurch machen – anstatt auf die Fersen setzen Sie sich einfach auf einen Stuhl.
30mal wiederholen

5

Setzen Sie sich im Schneidersitz auf den Boden, umfassen Sie mit beiden Händen die Armgelenke. Jetzt schieben Sie mit kräftigem Druck die Arme beim Ausatmen zusammen und beim Einatmen auseinander. Beim Ausatmen die Luft durch den Mund stoßen und den Bauch einziehen.
20mal wiederholen

Zwischendurch (2)

Isometrik im Sitzen

Umfassen Sie die Lehnen eines Stuhls mit den Händen, und versuchen Sie dann, die Hände so fest wie möglich zusammenzudrücken.
Legen Sie Ihre Unterarme auf die Lehnen, und drücken Sie sie kräftig nach unten.
Schlagen Sie die Beine übereinander. Schieben Sie jetzt den Fuß des oberen Beines unter die Schreibtischkante. Dann drücken Sie den Unterschenkel kräftig nach oben.
Jede Übung 6 bis 10 Sekunden lang, dann entspannen.
4- bis 6mal wiederholen

1 Das festigt den Busen

Gerade stehen, die Handgelenke kreuzen die gestreckten Arme. Beim Ausatmen pressen Sie Ihre Handflächen 6 bis 10 Sekunden gegeneinander. Dann wieder lockern.
4- bis 6mal

2 Das hilft Busen und Bauch

Mit leicht gegrätschten Beinen gerade hinstellen, die Arme nach vorn strecken. Die Hände liegen überkreuz aufeinander. Beim Ausatmen gehen Sie langsam in die Knie. Ziehen Sie dabei den Bauch ein, und machen Sie die Wirbelsäule rund. Jeweils 6 bis 10 Sekunden lang, dann lockern. 4- bis 6mal wiederholen

Isometrik mobilisiert schlaffe Muskeln. Sie nehmen damit zwar nicht ab, aber in einem aktivierten Muskel lagert sich Fett weniger leicht ab.

Das tut Ihrem Rücken gut

Vorbeugen ist besser als Heilen – das gilt, im wahrsten Sinne des Wortes, vor allem für die Wirbelsäule

1

Stellen Sie sich gerade hin. Die Beine sind gegrätscht, die Arme nach oben gestreckt. Schwingen Sie mit den Armen durch die gebeugten Beine – und wieder nach oben zurück. Das macht die Wirbelsäule besonders elastisch. 8mal wiederholen

2

Stellen Sie sich in Grätschhaltung auf, und verschränken Sie die Arme hinter dem Kopf. Jetzt beugen Sie den Oberkörper nach vorn und drehen ihn im Wechsel nach rechts und links. Das stärkt den Rücken, durchblutet das Gesicht und greift den Hüftspeck an.
16mal wiederholen

DER EXTRA-TIP

Wirbelsäulenerkrankungen sind ein weitverbreitetes Problem. Wer regelmäßig etwas für seinen Rücken tut, ist besser dran als jemand, der einmal ein ganzes Übungsprogramm durchzieht – und dann lange nichts mehr macht.

Sie können Ihren Rükken auch nachts gut behandeln: Die ideale Matratze ist hart, hat aber eine weiche Auflage, die ein bißchen nachgibt, damit sie sich der Wirbelsäule anpassen kann.

3

Stellen Sie sich mit gegrätschten Beinen aufrecht hin, die Arme hängen locker zur Seite. Lassen Sie den Oberkörper fallen und die Arme nach unten baumeln. Dann heben Sie den Oberkörper genau in die Waagerechte hoch und ziehen dabei die Arme kräftig nach hinten.
10mal wiederholen

Gerade im Alltag können Sie Ihren Rücken schonen, etwa wenn Sie ein Gewicht hochheben: in die Hocke gehen, das Gewicht nah an den Körper ziehen, dann erst mit dem Rücken hochkommen. Wenn Sie ein Gewicht von einem Platz zum anderen heben: erst hochheben, dann drehen, dann ablegen.

4

Legen Sie sich auf den Bauch, die Arme berühren nach vorne ausgestreckt den Boden. Jetzt heben Sie den Oberkörper an und ziehen dabei die Arme wie bei einer Schwimmbewegung nach hinten. Dann wieder zurück in die Ausgangsstellung.
8mal wiederholen

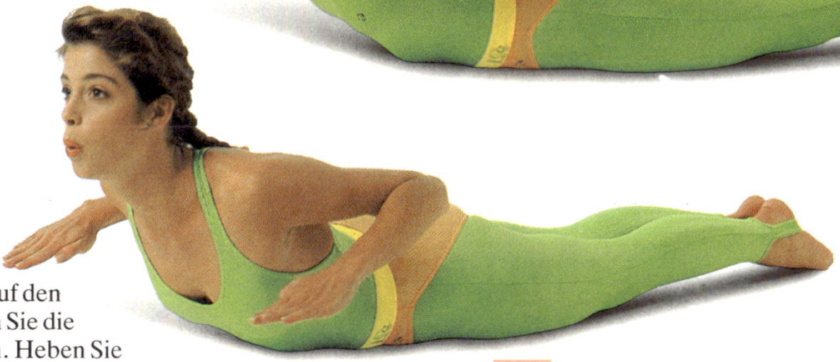

5

Legen Sie sich auf den Bauch, strecken Sie die Arme nach vorn. Heben Sie Oberkörper und Beine leicht an. In dieser Stellung ziehen Sie die Ellbogen an den Körper und stoßen dann die Hände schnell nach vorn.
30mal wiederholen

DER EXTRA-TIP

Die meisten Pölsterchen tauchen zuerst in der Bauch-, Hüft- und Pogegend auf. Lange Jacken können hier eine Menge verbergen. Doch nach ein paar Wochen gezielter Problemzonen-Gymnastik können Sie auf diesen Trick leicht verzichten.

So seltsam das klingen mag: alle Übungen für die Bauchmuskulatur (Seiten 34 bis 39) helfen auch Ihrem Rücken. Grund: Die Bauchmuskeln zählen zu den wichtigsten Stabilisatoren der Wirbelsäule.

1 Das dehnt die Wirbelsäule

Stellen Sie sich in Grätschstellung gerade hin. Jetzt ziehen Sie den Kopf mit einer Hand zur Seite, die andere Hand stemmen Sie nach unten. Dabei das Gesäß anspannen und den Bauch einziehen. 6 bis 10 Sekunden lang, dann entspannen.
4- bis 6mal wiederholen

Isometrik für den Rücken

Oberkörper waagerecht nach vorne beugen, Arme nach vorne strecken und die Hände auf eine Stuhllehne legen. In dieser Stellung bleiben und die Hände kräftig nach unten drücken.
So vor einem Stuhl knien, daß die Schultern auf der Sitzfläche liegen. Die Hände umfassen die Knie. Jetzt die Schultern gegen die Sitzfläche des Stuhles pressen.
Auf den Bauch legen, mit den Händen beide Füße in Höhe der Fußgelenke fassen. Den Oberkörper nach vorn drücken und gleichzeitig die Unterschenkel strecken.
Jede Übung 6 bis 10 Sekunden.
4- bis 6mal wiederholen

Noch mehr Isometrik für den Rücken

Auf den Fußboden setzen, die Oberschenkel nah an den Oberkörper ziehen, die Arme vor den Unterschenkeln verschränken. Den Oberkörper gegen den Widerstand der Hände strecken.
Auf einen Stuhl setzen, Bauch etwas einziehen, die Hände vor dem Bauch verschränken. Arme fest nach hinten ziehen, Bauch gegen den Widerstand der Hände drücken.
Jede Übung 6 bis 10 Sekunden.
2- bis 4mal wiederholen

2 Das bringt Haltung

Gerade hinstellen. Ein Tuch oder einen Stab hinter dem Rücken senkrecht halten. Kräftig einatmen und die Enden mit viel Kraft auseinanderziehen. 6 bis 10 Sekunden lang, dann lockern und die Hände wechseln.
2- bis 4mal wiederholen

Das kräftigt Ihre Oberarme

Mit diesen Übungen bauen Sie Fett ab – und bekommen gleichzeitig mehr Kraft

1

Stellen Sie sich gerade hin, die Arme sind vor dem Körper nach oben angewinkelt. Federn Sie die Ellbogen schnell gegeneinander. Diese Übung stärkt die Oberarme (und tut gleichzeitig etwas für Ihren Busen).
30mal wiederholen

DER EXTRA-TIP

Sie brauchen sich keine ganze Kollektion von Hanteln zuzulegen. Wenn Sie das Gewicht verändern wollen, kaufen Sie sich Plastikhanteln – die können Sie, je nach gewünschter Belastung, mit Wasser oder Sand füllen.

Verblüffend, aber wahr: Jede Übung wirkt intensiver, wenn Sie sich auch gedanklich auf die angesprochenen Muskelpartien konzentrieren.

Die Haut an den Händen ist sehr dünn, sie hat kaum Fettgewebe. Jede Handwäsche entzieht deshalb dieser dünnen Haut ein bißchen von dem wenigen Fett, das sie besitzt. Das tägliche Eincremen reicht nicht aus. Bei trockener Haut sollten Sie wöchentlich ein Zehn-Minuten-Handbad in Olivenöl machen. Bei roten Händen hilft ein warmes Salzwasserbad – hinterher dick eincremen.

2

Stellen Sie sich aufrecht hin, die Arme sind in Richtung Brustkorb angewinkelt. Jetzt die Arme seitwärts nach außen federn lassen. Mit Hanteln oder anderen Gewichten (Flaschen, Konservendosen) verstärken Sie den Effekt der Übung. 10mal wiederholen

Sie tun etwas für Ihre Arme? Dann sollten Sie die Hände nicht vergessen. Ballen Sie die Hände zur Faust, dann spreizen Sie die Finger weit ab. Oder spielen Sie Klavier in der Luft. Handgymnastik macht die Finger schlanker und die Hände beweglicher.

3

Stellen Sie sich aufrecht hi halten Sie die Arme – mit oder ohne Hantel – nach oben. Federn Sie jetzt die Arme hinter den Kopf, un strecken Sie sie dann in fließender Bewegung nac oben. Diese Übung durchblutet gleichzeitig Ihre Nackenpartie und löst Ver spannungen in diesem Bereich.
20mal wiederholen

4

Legen Sie sich mit gestreckten Beinen auf den Bauch, die Hände und Arme leicht aufgestützt. Drehen Sie sich mit Schwung zur linken Seite, und strecken Sie dabei das rechte Bein in die Höhe. Gleichzeitig beugen Sie die Arme. Wenn Sie die Wirkung verstärken wollen: Versuchen Sie diese Übung mit geschlossenen Beinen nachzumachen.
Je Bein 5mal wiederholen

5

Stellen Sie sich gerade hin, strecken Sie beide Arme nach vorne. Ziehen Sie abwechselnd den linken und rechten Unterarm an den Oberarm heran. Hinterher die Arme gut ausschütteln.
20mal wiederholen

Zwischendurch (4)

Isometrik für die Arme

Finger vor der Brust verhaken, dann versuchen, sie auseinanderzuziehen, ohne aber die Finger voneinander zu lösen.
Eine Hand unter die Tischplatte legen, mit dem anderen Arm das Körpergewicht auf dem Tisch abstützen.
Mit der unteren Hand versuchen Sie den Tisch anzuheben, mit der oberen drükken Sie den Tisch nach unten.
Jeweils 6 bis 10 Sekunden, dann lockern.
4- bis 6mal wiederholen

1 Das kräftigt die Oberarme

Vor der Brust die Handflächen gegeneinander legen. Der Rücken ist gerade. Jetzt die Hände mit viel Kraft zusammendrücken und dabei langsam ausatmen. 6 bis 10 Sekunden lang, dann lockern.
4- bis 6mal wiederholen

Stellen Sie sich leicht schräg gegen die Wand oder einen Türrahmen. Ein Unterarm ist etwa in Kopfhöhe zu 90 Grad gegen den Oberarm angewinkelt. Jetzt strecken Sie den Unterarm gegen den Widerstand der Wand bzw. des Rahmens – eine ideale Ausgleichsübung für alle, die Probleme im Bereich des Schultergürtels haben (etwa Frauen, die viel an der Schreibmaschine sitzen).

2 Das festigt die Oberarme

Die Arme angewinkelt auf Schulterhöhe heben, der Rücken ist gerade, die Schultern sind entspannt. Jetzt die Hände bei ruhiger und gleichmäßiger Atmung 10 bis 20 Sekunden gegen einen gedachten Widerstand krallen. Dann lockern. 4- bis 6mal wiederholen

Das strafft Ihren Bauch

Wenn der Bauch trotz Gymnastik nicht verschwindet, kann es an Ihrer Haltung liegen: Gehen Sie immer so gerade, als würde man Sie an den Haaren hochziehen

1 Stellen Sie sich gerade hin, die Beine in breiter Grätsche, die Hände hinter dem Kopf verschränkt. Jetzt gehen Sie leicht in die Knie und schwingen den Oberkörper abwechselnd nach rechts und links seitwärts.
10mal wiederholen

DER EXTRA-TIP

Übrigens: Die Übungen in diesem Buch demonstrieren wir Ihnen in reichlich knappen Trikots – damit Sie die Bewegungsabläufe besser erkennen können. Für den eigenen Gebrauch sind weite Baumwollshirts und -hosen natürlich viel bequemer.

Gymnastik ist überall möglich: Waschen Sie sich die Füße unter der Dusche mit gestreckten Knien und gebeugtem Rumpf, oder ziehen Sie die Knie bis zur Brust hoch. Beim Abtrocknen den Rücken mit dem Handtuch von rechts oben nach links unten und umgekehrt rubbeln.

2

Knien Sie sich auf den Boden, strecken Sie die Arme nach vorne. Drehen Sie sich jetzt zur linken Seite, und schwingen Sie dabei den linken Arm bis zur rechten Ferse. Dann zurück in die Grundhaltung und das Ganze nach der anderen Seite.
16mal wiederholen

DER EXTRA-TIP

Sollten Sie gelegentlich einen Trimmpfad besuchen: Turnen Sie die Bauchübungen nur mit angewinkelten Beinen (auch wenn das Männchen auf der Tafel etwas anderes vormacht). ›Sit-ups‹ mit gestreckten Beinen fördern das Risiko eines Hohlkreuzes – Sie bekommen Rückenschmerzen.

3

Legen Sie sich rückwärts auf den Boden. Kommen Sie mit dem Oberkörper mit Schwung hoch, und ziehen Sie gleichzeitig das rechte Knie zum linken Ellbogen. Zurück in die Ausgangslage, dann mit dem linken Knie zum rechten Ellbogen. 10mal wiederholen

4

Legen Sie sich auf den Rükken, und richten Sie den Oberkörper – unterstützt durch die Unterarme – auf. Jetzt heben Sie beide Beine leicht an und machen dann wechselweise mit den Beinen eine Scherenbewegung nach oben und unten.
20mal wiederholen

5

Legen Sie sich auf den Rükken, und ziehen Sie Kopf und Arme hoch. Gleichzeitig heben Sie die Beine an und kreuzen dann im raschen Wechsel Arme und Beine.
20mal wiederholen

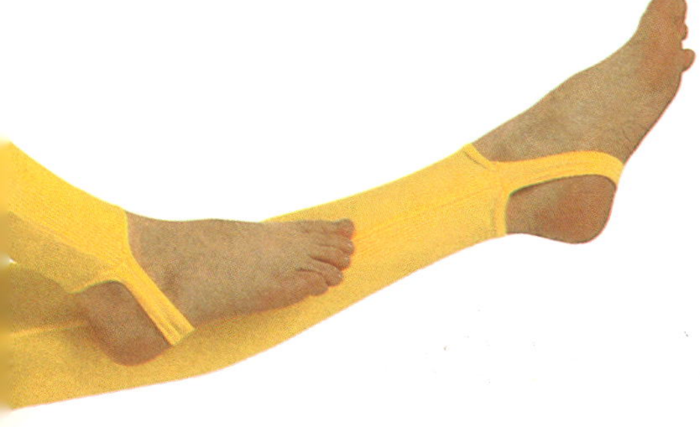

Zwischendurch (5)

Isometrik im Bett

Üben Sie gleich am Morgen das richtige Baucheinziehen. Legen Sie sich auf den Rücken, und stellen Sie die Füße rechts und links vor das Becken – also etwas mehr als hüftbreit. Die Knie sind geöffnet, die Arme liegen neben dem Körper. Beim Ausatmen ziehen Sie den Unterbauch ein und drücken die rückwärtige Gürtelgegend kräftig gegen die Matratze. Gleichzeitig heben Sie durch die Anspannung der Beckenmuskeln den Po etwas an. Das Ganze sollte 6 bis 10 Sekunden dauern. Dann lockern Sie alle Muskeln und atmen tief ein.
4- bis 6mal wiederholen

1 Das strafft den Bauch

Auf den Rücken legen, die Arme ruhen neben dem Körper, die Beine sind aufgestellt. Beim Ausatmen ziehen Sie den Bauch ein, drücken die Lendenwirbel gegen den Boden und spannen die Pomuskeln an. Jeweils 6 bis 10 Sekunden, dann einatmen und entspannen.
4- bis 6mal wiederholen

Legen Sie sich auf den Bauch, die Arme neben den Körper. Jetzt ziehen Sie Ihre Knie so weit nach vorn, daß sie leicht angewinkelt gegen den Boden drükken. Beim Ausatmen ziehen Sie den Bauch ein und pressen die Schließmuskeln zusammen. Dabei hebt sich automatisch das Becken, der Rücken gibt rund nach. 6 bis 10 Sekunden, dann wieder lockern und tief einatmen.
4- bis 6mal wiederholen

2 Festigt die Bauchmuskulatur

Stellen Sie sich mit den Füßen in ein Tuch (Schal, Handtuch, was Sie gerade zur Hand haben). Jetzt versuchen Sie sich aufzurichten – die Knie sind dabei gestreckt, der Rücken ist rund. Spannen Sie die Bekkenmuskeln an, atmen Sie langsam aus. Das sollte etwa 4 bis 6 Sekunden dauern, dann Muskeln lockern und wieder einatmen.
4- bis 6mal wiederholen

Das macht Ihre Taille schlank

Wenn der Rockbund kneift oder die Jeans zwicken – mit diesen Übungen kriegen Sie schnell ein paar Zentimeter an der richtigen Stelle weg

1

Stellen Sie sich mit gegrätschten Beinen auf. Beugen Sie den Oberkörper nach unten, und berühren Sie mit der rechten Hand den linken Fuß. Die linke Hand schwingt dabei nach oben. Dann die Arme wechseln. Je rascher Sie wechseln, desto besser. 16mal wiederholen

2

Stellen Sie sich gerade hin, nehmen Sie einen Stock (z. B. einen Besenstiel) auf die Schultern, und fassen Sie ihn an beiden Enden an. Jetzt gehen Sie in eine leichte Kniebeuge und drehen abwechselnd die rechte und linke Schulter nach hinten, während die jeweils andere Schulter nach vorn kommt.
20mal wiederholen

DER EXTRA-TIP

Ob Sie sich mit Ihrem Körpergewicht wohl fühlen, müssen Sie selbst entscheiden. Bei einer objektiven Beurteilung hilft Ihnen dieser Test: Kneifen Sie sich mit zwei Fingern in die Schenkel – wenn Sie mehr als zwei, drei Zentimeter fassen können: Abnehmen, Gymnastik, Ausdauersport.

3

Stellen Sie sich gerade hin, die Beine leicht gegrätscht. Stemmen Sie die rechte Hand in die Hüfte, mit der linken fassen Sie hinter Ihren Kopf. Federn Sie 4mal zur rechten Seite. Dann wechseln Sie die Arme und federn 4mal nach links.
4mal wiederholen

4

Stellen Sie sich gerade hin grätschen Sie die Beine. Schwingen Sie den Oberkörper zur linken Seite, u ziehen Sie gleichzeitig den rechten Arm angewinkelt hoch. Den Oberkörper dabei nicht nach vorne abknicken. Dann die Arme wechseln.
20mal wiederholen

5

Stellen Sie sich mit gegrätschten Beinen auf, verschränken Sie beide Arme hinter dem Kopf. Gehen Sie langsam in die Kniebeuge, drehen Sie den Oberkörper dabei im raschen Wechsel nach links und rechts.
20mal wiederholen

70 Billionen Körperzellen wollen mit Sauerstoff versorgt werden. Das gelingt Ihnen nur durch richtiges Atmen (s. Seiten 90/91), intensive Gymnastik und Ausdauersport (Seiten 70 bis 81).

DER EXTRA-TIP

Gönnen Sie sich ab und zu einen Verwöhntag, planen Sie ihn für sich allein ein. Geht nicht? Doch! JOURNAL FÜR DIE FRAU hat ein Komplettprogramm für Körper und Seele zusammengestellt. Sie können es (bitte unbedingt frankierten Rückumschlag beilegen) anfordern bei: Redaktion JOURNAL FÜR DIE FRAU, Postfach 30 28 29, 2000 Hamburg 36.

Zwischendurch (6)

Fassen Sie ein Tuch oder einen Strick hinter dem Rücken in Taillenhöhe. Jetzt ziehen Sie an beiden Seiten gleichzeitig kräftig an. Den Oberkörper dabei langsam nach oben ziehen und einatmen. Das tut der Taille gut, kräftigt aber zugleich auch die Schulter- und Brustmuskulatur.

1 Das hält die Taille geschmeidig

Stellen Sie sich mit gegrätschten Beinen gerade hin. Das Tuch (Handtuch, Schal) halten Sie mit gestreckten Armen gespannt über dem Kopf. Tief einatmen. Mit dem Oberkörper zur Seite neigen, die Arme dabei auseinanderziehen. 6 bis 10 Sekunden halten, dann lockern und ausatmen. Die Seite wechseln.
4- bis 6mal wiederholen

2 Das macht die Taille fest

Mit gegrätschten Beinen gerade hinstellen. Das Tuch über dem Kopf mit gestreckten Armen ganz straff halten. Die Hüfte gegen den Oberkörper stemmen. Ausatmen, dann lockern.
4- bis 6mal wiederholen

Das formt Ihren Po

Mit Gymnastik und Massagecremes bekommen Sie die richtigen Po-Proportionen

1

Stehen Sie aufrecht, spannen Sie Ihre Pomuskeln kräftig an – und lockern Sie sie wieder. Dabei gleichmäßig atmen, keinesfalls die Luft anhalten. Das ist zugleich eine gute Entspannungsübung.
30mal wiederholen

DER EXTRA-TIP

Wenn der Po ein bißchen dellig ist, kann eine spezielle Massage- oder Schlankheitscreme helfen. Sie fördert noch zusätzlich den Hautstoffwechsel.

2

Setzen Sie sich auf den Boden, und rutschen Sie mit dem Po ruckweise nach vorne. Dabei boxen Sie die Arme kräftig in die Luft. Entscheidend ist nicht die Strecke, die Sie dabei schaffen, sondern daß Sie Ihre Muskeln maximal anspannen.

3

Legen Sie sich mit dem Bauch auf den Boden, gestützt auf die angewinkelten Unterarme. Jetzt federn Sie abwechselnd das linke und rechte Bein angewinkelt hoch.
Je Bein 20mal wiederholen

4

Setzen Sie sich mit ausgestreckten Beinen auf den Boden, stützen Sie sich hinter dem Rücken mit den Händen ab. Jetzt rollen Sie mit Schwung von einer Seite zur anderen, wobei Sie jeweils das Knie des obenliegenden Beines anwinkeln. Diese Übung dehnt auch die Wirbelsäule.
20mal wiederholen

Wenn Sie Ihren Po nicht nur formen, sondern dort auch abnehmen wollen, ist Ausdauersport (Seiten 70–81) die ideale Ergänzung zur Gymnastik.

Bürsten Sie sich jeden Morgen mit dem sogenannten Luffahandschuh oder einer Körperbürste so lange ab, bis die Haut rosig durchblutet ist. Die Hornschuppen, die sich dabei lösen, spülen Sie unter der Dusche weg.

5

Knien Sie sich auf den Boden, stützen Sie sich auf die gestreckten Arme. Heben Sie das rechte Bein angewinkelt nach oben, und federn Sie es so hoch, wie Sie kommen. Dann lockern und das linke Bein hochfedern. Den Kopf dabei aufrecht halten.
Je Bein 20mal wiederholen

Zwischendurch (7)

Isometrische Übungen (siehe Seite 14) können die Gymnastik nicht ersetzen – sie helfen aber allen, die tagtäglich im Büro sitzen, viel mit dem Auto fahren, allen, die ganz einfach zu wenig Bewegung haben. Die griechischen Bezeichnungen ISO (=gleich) und METRIK (=messend) bedeuten, daß ein gespannter Muskel bei Gegendruck seine Länge nicht verändert, wohl aber seine Dicke. Dieser Stau mobilisiert schlaffe Muskelfasern und fördert die Durchblutung. Und, nicht ganz unwichtig: ein aktivierter Muskel verhindert Fettablagerungen.

1 Das spannt die Pomuskeln

Legen Sie sich auf den Rükken, stellen Sie die Füße auf. Umfassen Sie mit den Händen die Fesseln, und heben Sie langsam das Bekken an. Dabei die Pomuskeln anspannen. Gleichmäßig atmen und die Stellung 10 bis 20 Sekunden halten.
4- bis 6mal wiederholen

Gut für die Muskelform

Das soll bestimmt kein Plädoyer für Tierversuche sein – nur zur Verdeutlichung: Verhaltensforscher hatten das Bein eines Frosches festgebunden. Die Muskeln des festgebundenen Beines entwickelten sich durch den ständigen Versuch, es zu befreien, besser als die anderen. Nach diesem Prinzip funktioniert die Isometrik: Der den Muskeln entgegengesetzte Widerstand muß so groß sein, daß jede Bewegung verhindert wird. Stemmen Sie sich also bei den Übungen gegen einen gedachten oder realen Widerstand mit aller Kraft – und Ihre Muskeln bekommen die Proportionen, die Sie sich wünschen.

2 Das entspannt den Rücken

Stellen Sie sich gerade hin, verschränken Sie die Hände hinter dem Rücken. Jetzt gleichzeitig Arme und ein Bein nach hinten ausstrekken – so, als ob Sie gegen einen imaginären Widerstand drücken würden. Diese Stellung 10 bis 20 Sekunden halten.
4- bis 6mal wiederholen

Das gibt Ihrer Hüfte Schwung

Nicht nur die Konturen sind entscheidend – wer aus der Hüfte geht, schreitet einfach schöner

1

Stellen Sie sich mit gegrätschten Beinen auf, verlagern Sie Ihr Gewicht auf das linke Bein, während Sie den Oberkörper locker zur rechten Seite fallen lassen. Dann lockern und die Seiten wechseln. Je mehr Sie die Hüfte mitschwingen lassen, desto besser werden mit der Zeit Ihre Konturen. 20mal wiederholen

2

Stellen Sie sich gerade hin, die Beine etwa hüftbreit. Jetzt gehen Sie in die Knie und strecken dabei das Becken nach hinten. Die Arme schwingen gleichzeitig zurück. Dann wieder aufrichten, Arme nach vorne schwingen. So wird das Becken gut durchblutet. 10mal wiederholen

DER EXTRA-TIP

Irgendwann überfällt Sie der große Hunger – Sie sollten sich darauf vorbereiten. Gurkenscheiben, Karotten, Paprikastreifen, Knäckebrot immer griffbereit halten. Das alles hat wenig Kalorien und hilft, die Zeit bis zur nächsten Mahlzeit zu überbrücken.

DER EXTRA-TIP

Beobachten Sie mal, wie sich Katzen bewegen – geschmeidig, elegant, immer sprungbereit. Andererseits sind Katzen auch träge, faul, sie dehnen, strecken und räkeln sich. Anspannen und entspannen – die Katze macht's uns vor.

3

Stellen Sie sich gerade hin, die Beine leicht gegrätscht, die Arme hinter dem Kopf verschränkt. Jetzt kreisen Sie aus der Hüfte heraus 8mal nach rechts, dann nach links. Achten Sie darauf, daß die Bewegungen möglichst fließend sind.

4

Knien Sie sich auf den Boden, stützen Sie sich auf den gestreckten Armen ab. Jetzt machen Sie abwechselnd einen Katzenbuckel und ein Hohlkreuz. Dabei gleichmäßig durchatmen. 10mal wiederholen

5

Legen Sie sich auf den Boden, winkeln Sie die Knie an. Die Arme liegen als Stütze ausgestreckt neben dem Körper. Heben Sie nun das Becken weit nach oben, und senken Sie es wieder. Das ist zugleich eine gute Übung gegen Menstruationsschmerzen. 8mal wiederholen

Zwischendurch (8)

Bei der Problemzonen-Gymnastik und auch sonst können Sie zwischendurch immer was für Ihr Gesicht tun – zum Beispiel diese Übung: Rollen Sie die Augen 6mal in Uhrzeigerrichtung rund um die äußere Augengrenze, dann das Ganze in entgegengesetzter Richtung. Das hilft gegen Fältchen und macht Sie munter.

1 Gut für die Knie

Setzen Sie sich auf den Boden, schlagen Sie das linke Bein über das rechte. Die linke Ferse liegt auf dem rechten Knie. Mit der rechten Hand halten Sie das linke Fußgelenk fest an seinem Platz und drücken gleichzeitig mit der linken Hand das linke Knie kraftvoll nach unten. Jeweils 6 bis 10 Sekunden diese Stellung halten, gleichmäßig dabei atmen, dann lockern und die Beine wechseln. Eine Variation dieser Übung finden Sie auf Seite 62.

4- bis 6mal wiederholen

2 Gut für die Beinmuskeln

Setzen Sie sich auf den Boden. Die Hände sind hinter dem Rücken aufgestützt, die Beine angewinkelt, die Knie liegen beisammen. Tief einatmen, beim Ausatmen pressen Sie die Knie gegeneinander. Jeweils 6 bis 10 Sekunden, dann lockern.
4- bis 6mal wiederholen

Müssen Sie viel telefonieren?

Nutzen Sie die Zeit für isometrische Übungen, zum Beispiel für diese: Nehmen Sie – bei durchgedrückten Knien – einen Papierkorb zwischen die Unterschenkel, und drücken Sie die Beine kräftig zusammen. Das Ganze machen Sie 6 bis 10 Sekunden, dann lockern Sie die Beinmuskeln und wiederholen die Übung.
4- bis 6mal

Das festigt Ihre Oberschenkel

Mit dieser gezielten Gymnastik (und Ausdauersport) bekommen Sie schlaffe Oberschenkel schnell in den Griff

1 Stellen Sie sich gerade hin, stützen Sie die Hände in die Hüften. Jetzt machen Sie mit dem linken Bein einen Schritt nach vorn und federn 4mal in den Knien nach. Zurück in die Ausgangsstellung, lockern, dann das gleiche mit dem rechten Bein. Die Muskeln des hinteren Beines werden dabei kräftig gedehnt. Je Bein 4mal wiederholen

DER EXTRA-TIP

Sie können die Wirkung jeder Gymnastikübung verstärken. Zum Beispiel mit Hanteln. Ersatzweise tun es auch Konservendosen oder Selterflaschen. Wenn Sie sich professionelle Trainingsgeräte zulegen wollen – auf den Seiten 68/69 erfahren Sie, was wofür im einzelnen nützt. Und was das Ganze kostet.

2

Knien Sie sich auf den Boden, strecken Sie die Arme nach vorn. Jetzt den Oberkörper langsam vor und wieder zurück bewegen. Die ideale Übung für Oberschenkel und Pomuskeln. 8mal wiederholen

DER EXTRA-TIP

Gegen den Durst zwischendurch sollten Sie möglichst keine coffeinhaltigen oder kohlensäurehaltigen Getränke nehmen. Früchtetees – zum Beispiel Hagebutten- oder Apfelschalentee – bekommen Ihnen viel besser.

4

Stellen Sie sich mit gegrätschten Beinen auf, und gehen Sie leicht in die Kniebeuge. Eine Hand berührt den Boden, während die andere nach oben schwingt. Die Bewegung sollte möglichst fließend sein.
16mal wiederholen

3

Legen Sie sich auf die rechte Körperseite, stützen Sie sich mit dem rechten Unterarm und der linken Hand ab. Das rechte Bein nach hinten abwinkeln, mit dem linken (gestreckten) Bein nach oben federn. Dann lockern und die Seite wechseln.
Je Bein 20mal wiederholen

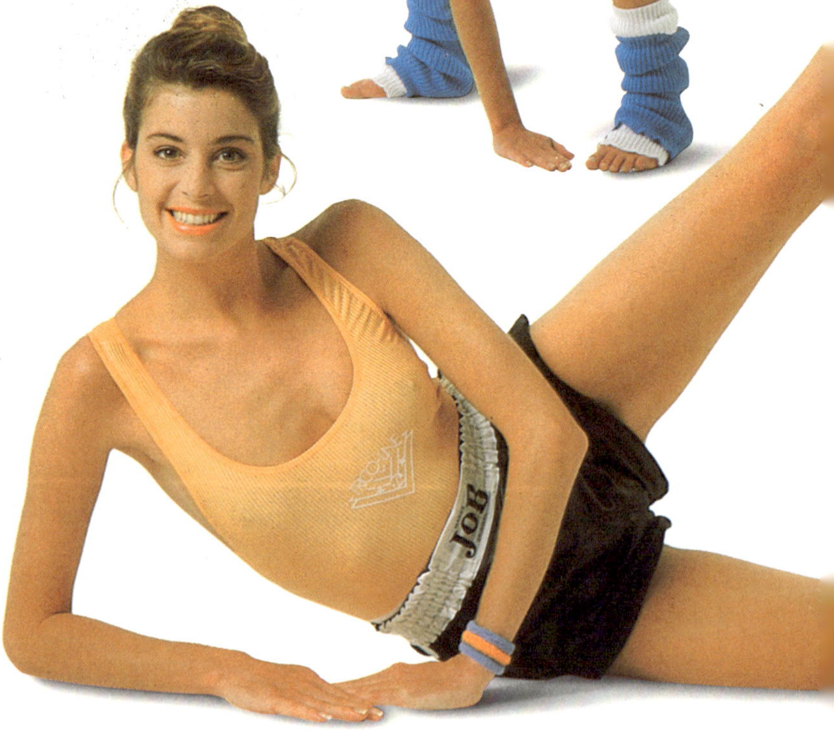

5

Gehen Sie in die Hocke, und durchqueren Sie so den ganzen Raum. Die Füße ganz aufsetzen, nicht nur die Zehenspitzen. Die Arme schwingen kräftig mit. Eine Übung, von der auch der Rücken profitiert.

Wenn Sie Ihre Oberschenkelmuskeln stimulieren wollen: Gehen Sie öfter in die Hocke, die Füße auf ganzer Sohle aufgesetzt. Dann wippen Sie in dieser Skifahrerposition kräftig nach.

Zwischendurch (9)

1 Das ist gut für die Knie

Im Sitzen das linke Bein so über das rechte schlagen, daß die linke Ferse auf dem rechten Knie liegt und das linke Knie zur Seite hängt. Mit der rechten Hand den linken Fuß fest an seinem Platz halten. Ausatmen und 6 Sekunden lang versuchen, das rechte Bein zu strecken. Beine ausschütteln, dann wechseln.
4- bis 6mal wiederholen

2 ...und das hier auch

Setzen Sie sich auf den Boden, stützen Sie sich mit den Händen seitwärts auf. Die Knie halten einen Tennisball. Jetzt die Knie fest zusammendrücken. Dabei langsam ausatmen und die Bauchmuskeln zusammenziehen. 6 Sekunden in dieser Stellung bleiben, dann die Muskeln lockern. Tief einatmen.
4- bis 6mal wiederholen

3 Das strafft die Beinmuskulatur

Legen Sie sich auf den Rükken, die Hände im Nacken, die Füße sind gekreuzt. Jetzt versuchen Sie die Beine zu lösen, ohne die Verhakung der Füße zu lösen. Gleichzeitig die Ellenbogen gegen den Boden pressen. Tief und fließend atmen. Das Ganze 6 bis 10 Sekunden, dann die Füße wechseln. Während der Anspannung ausatmen.
2- bis 4mal wiederholen

4 Das stärkt die Oberschenkelmuskulatur

Setzen Sie sich auf den Boden. Die Beine werden etwa hüftbreit aufgestellt. Legen Sie einen Unterarm zwischen die Knie, und pressen Sie diese gegen den Widerstand des Unterarms zusammen. Dabei ausatmen, dann lockern.
4- bis 6mal wiederholen

Das modelliert Ihre Waden

Die Gymnastik bringt eine ganze Menge – den Rest schaffen Sie mit ein paar modischen Tips

1

Stellen Sie sich auf die Zehen, schwingen Sie die Hüfte abwechselnd nach rechts und links. Das Ganze möglichst barfuß – weil dann die Füße besser durchblutet werden.
16mal wiederholen

DER EXTRA-TIP

Zu kräftige Waden? Gymnastik und Ausdauersport modellieren die Waden – den Rest besorgt die Mode: Bei kräftigen Waden dunkle Strumpffarben wählen, auch die Schuhe sollten möglichst im gleichen Ton sein, damit es optisch keine Unterbrechung gibt. Wildgemusterte Strümpfe, dicke Socken sowie Kniestrümpfe sind tabu. Die ideale Absatzhöhe bei kräftigen Waden: halbhoch. Stilettos wirken zu zierlich, flache Schuhe (auch Turnschuhe) zu plump.

2

Stellen Sie sich gerade hin, die Hände hinter dem Rükken verschränkt. Jetzt machen Sie einen großen Schritt schräg nach vorn. Setzen Sie nur den Ballen auf, und federn Sie 4mal nach. Das Körpergewicht liegt auf dem vorderen Bein. Lockern, dann Beine wechseln.
4mal wiederholen

3 Auf der Stelle gehen und die Füße vom Ballen zur Ferse abrollen. Die Arme schwingen im Gegentakt mit. Aber bitte diese Übung nicht übernehmen, wenn Sie durch die Gegend laufen. Dann sollten Sie mit der Ferse aufsetzen und über den ganzen Fuß abrollen. 30mal wiederholen

Zu dünne Waden? Muskelzuwachs proportioniert die Waden – aber auch hier können Sie modisch eine Menge tun: Helle Farben täuschen mehr Fülle vor. Das gleiche gilt für Muster – auch Ringel und Karos. Die Schuhe dürfen sportlich sein, aber nicht zu klobig. Turnschuhe mit weißen Söckchen sehen prima aus. Die ideale Absatzhöhe ist auch bei dünnen Waden halbhoch.

4

Stellen Sie sich gerade hin, die Arme hängen locker am Körper. Jetzt mit Schwung in den Zehenstand, dabei die Arme anwinkeln und mit Schwung vor die Brust ziehen. In dieser Stellung leicht in die Knie gehen – und zurück in die Grundhaltung. Ruhig und fließend atmen.
8mal wiederholen

5

Stellen Sie sich mit weit gegrätschten Beinen gerade hin, legen Sie die Arme in Brusthöhe übereinander. Gehen Sie langsam in die Kniebeuge, und heben Sie dabei die Fersen vom Boden. Dann wieder zurück in den Stand, die Muskeln lockern.
8mal wiederholen

Ihre stummen Übungspartner

Mit sinnvollen Hilfsmitteln können Sie zu Hause oder draußen, allein oder zu zweit trainieren. Die Tabelle zeigt Ihnen, welche Geräte sich wofür besonders gut eignen

13 Fitness-Geräte im Überblick: die Balinadel, die wie eine überdimensionale Büroklammer aussieht (ab 57 Mark); das Springseil für ein paar Mark (auch mit Zählwerk); das Deuser-Band aus festem Gummi (um 32 Mark); die Reckstange, die in jeden Türrahmen paßt (um 55 Mark); der Gymnastikball, den es in verschiedenen Größen gibt (ab 39 Mark); die Sit-up-

Gut für…	Bali-nadel	Spring-seil	Deuser-Band	Tür-reck	Gym-
Busen	●	●	●	●	
Bauch	●		●	●	
Taille	●	●	●	●	
Po & Hüften	●	●	●	●	
Beine		●	●		
Rücken	●	●	●		
Kreislauf	●*	●	●*		
Herzmuskel-leistung		●			
Kondition		●			
Vorbereitungs- oder Zusatz-training für…	Schwimmen Surfen Tennis Squash Ski	alle Sportarten	Surfen Schwimmen Tennis Squash Ski	alle Sportarten	

* bei entsprechend vielen Wiederholungen

Stütze, die Sie unter die Zimmer- oder Schranktür klemmen können (25 Mark); Frisbee-Scheibe und Bumerang (ab 19 Mark); Hand- und Fußhanteln (1 Kilogramm etwa 6 Mark); Gelenkgewichte, auch zum Anschnallen (etwa 20 Mark); das Laufband mit Steigung und verschiedenen Geschwindigkeiten (rund 350 Mark); Bauchtrainer (ab 80 Mark); Heimfahrrad – mit Kontrollarmaturen (ab ca. 600 Mark); Multitrainer (um 1000 Mark).
Sie können sich diese Geräte selbst zulegen – oder einfach ein Fitness-Studio besuchen. Doch egal, wo Sie trainieren: Suchen Sie sich eine Trainingsform aus, die Ihnen wirklich Spaß macht. Unterschreiben Sie Kauf- oder Studioverträge erst, wenn Sie sicher sind, daß Sie das auch auf Dauer machen möchten. Achten Sie beim Training auf einen fließenden Atemrhythmus. Preßatmung drosselt die Sauerstoffzufuhr und bringt Ihr Herz in Bedrängnis.
Ein gleichmäßiger Übungsrhythmus verbraucht mehr Kalorien und bringt eine bessere Kondition als kurze Höchstleistungen. Schmerzen sind immer ein Warnzeichen – also nicht die Zähne zusammenbeißen, sondern einfach aufhören oder eine Pause machen.

Schon ein Springseil und die Bauchübungen (Seiten 34–39) helfen Ihnen, alle ›Problemzonen‹ in Griff zu bekommen.

Sit-up-Stütze	Frisbee & Bumerang	Hand- und Fußhanteln	Gelenkgewichte	Laufband	Bauchtrainer	Heimfahrrad	Multi-Trainer
	●	●	●				●
●	●	●			●		●
●	●	●			●		●
●	●	●	●	●	●	●	●
●	●	●	●	●	●	●	●
		●					●
	●	●*	●	●		●	●
	●		●	●		●	●
	●	●	●	●		●	●
e ortarten	Ball- und Lauf-Sportarten	alle Sportarten	Tennis Squash Surfen Laufen	Tennis Squash Laufen	alle Kampfsportarten Leichtathletik Surfen		Bodybuilding Surfen Ski

Ausdauersport – die tollste Art, sich fit zu halten

Gymnastik ist nicht die einzige Ich-bringe-mich-in-Schwung-Methode. Auch Ausdauersport macht Spaß und hält gesund: Laufen, Radeln, Schwimmen, Skilanglaufen – sogar Gehen. Immer mehr Menschen tun's für ihr Leben gern

Warum gerade Ausdauersport?

Ausdauersport spricht die großen Muskelgruppen des Körpers an – den Muskelzellen wird die notwendige Energie durch Verbrennung von Zucker in Verbindung mit Sauerstoff zugeführt.

Ausdauersport oder aerobes Training (das bedeutet ›mit Sauerstoff‹) verbessert die Arbeitsweise des Herz-Kreislauf-Atmungssystems und des Energiestoffwechsels. Anaerobe (= ›ohne Sauerstoff‹) Sportarten wie Squash oder Kurzstreckenlauf belasten den Körper in kurzer Zeit sehr intensiv. Da der Sauerstoff nicht rechtzeitig in den Muskelzellen zur Verfügung steht und bei der ›Verbrennung‹ der Energie helfen kann, bleibt ›Stoffwechselschlacke‹ zurück – Milchsäure und Eiweißabbauprodukte. Lassen Sie Ihr Herz und Ihren Kreislauf aber etwas länger arbeiten – im aeroben Bereich – wird dieser Abfall weggespült. Ausdauersport ist also der ideale Ausgleichssport.

Ausdauersport – wie lange, wie schnell?

Die Belastung muß mindestens zehn Minuten andauern. Den besten Trainingseffekt für den gesamten Organismus erzielen Sie allerdings erst bei 30- bis 40minütigem Ausdauersport. Die Pulsfrequenz sollte bei etwa 130 Schlägen pro Minute liegen. Für Personen über 50 Jahre oder weniger Trainierte gilt die Faustregel: 180 minus Lebensalter = Trainingspuls.

Warum ›Trainingspuls‹?

Weil Sie sich dann voll im aeroben Bereich bewegen. Wenn mit Hilfe des Sauerstoffs die in den Muskelzellen eingelagerte Energie ›verbrannt‹ ist, greift der Körper auf die Fettstoffreserven zurück, vor allem auf das Unterhautfettgewebe – die angenehmste Art abzunehmen.

Treiben Sie Sport im anaeroben Bereich – also mit höheren Pulsfrequenzen und ohne Sauerstoffverbrennung – holt sich der Körper seinen Energieverbrauch später wieder zurück. Mit anderen Worten: Sie bekommen Hunger.

Ist Ausdauersport auch gut für die Psyche?

Jede Sportart, bei der Sie sich wohlfühlen, wirkt sich positiv auf Ihren Seelenzustand aus. Beim Ausdauersport lernt Ihr Herz zudem ›wirtschaftlicher‹ zu arbeiten – es schlägt ruhiger und kräftiger, der Ruhepuls wird niedriger. Einfacher gesagt: Sie werden entspannter und gelassener, Ihre Streßanfälligkeit sinkt.

Leben Ausdauersportler länger?

Alle Körperzellen brauchen für ihre Arbeit Sauerstoff, sonst sterben sie ab. Ausdauersport transportiert Sauerstoff bis in die Peripherie des Körpers. Nach Ansicht von Sportphysiologen läßt sich damit der Altersprozeß verzögern.

Kann Ausdauersport süchtig machen?

Beim Training werden regelmäßig stoffwechselaktive Hormone ausgeschüttet – das führt mitunter tatsächlich zu einem gewissen Hochgefühl. Wenn Sie Ausdauersport aber im vernünftigen Rahmen betreiben, können Sie mit diesem Hochgefühl sehr gut (oder besser) leben: Diese Aktivität überträgt sich auch auf Ihre anderen Lebensbereiche. Wenn Sie unsicher sind, was Sie sich selbst zumuten sollen: Lassen Sie von einem Sportarzt Ihre individuelle Belastungsgrenze feststellen.

Gehen Sie Problemen aus dem Weg

Die zehn wichtigsten Fragen und Antworten zu einer ganz alltäglichen Sportart

Welches Gehen ist gemeint? Nicht die olympische Disziplin (über 20 und 50 Kilometer), nicht das gemütliche Dahinschlendern. Sie sollten etwa fünf Kilometer in der Stunde flott ausschreiten – und das möglichst vier bis fünfmal in der Woche.

Was passiert beim Gehen? Der gesamte Körperapparat aus Knochen, Sehnen und Muskeln wird durch die Bewegung gefordert, das Herz-Kreislaufsystem trainiert. Mit ›Schnellgehen‹ lassen Sie auch eine Menge Probleme und Streß hinter sich – denn Gehen entspannt, Sie können dabei richtig abschalten.

Für wen ist Gehen geeignet? Im Prinzip für alle. Für Sportanfänger, weil sie die Belastung gering halten können. Für jene, die Gelenkprobleme haben und deshalb nicht laufen sollten. Besonders für Frauen in den Wechseljahren, weil Gehen der Osteoporose (einer Knochenerweichung durch Kalkmangel) vorbeugt.

Was heißt ›Walking‹? Nichts anderes als Gehen. In den USA wurde das Walking als Fitness-Training entdeckt, inzwischen gibt es dort zahlreiche Walkingclubs. Unter dem Motto ›Fitness-Spaß‹ statt ›Fitness-Streß‹ ist das Walking auch bei uns in Gang gekommen.

Wie läßt sich die Belastung erhöhen?

Durch Bergaufgehen können Sie die Intensität steigern und – wenn nötig – die Trainingszeit verkürzen. Auch mit kleinen Gewichten (Manschetten an Armen und Beinen) läßt sich die Belastung erhöhen. ›Powerwalking‹ hieß diese Modewelle vor einiger Zeit. Sie ist den Gang aller Moden gegangen – den in die Versenkung.

Wo sollte man gehen?

Natürlich möglichst an frischer Luft in freier Natur. Dann erfüllt das Gehen seine Funktion als Ausdauersport am besten, weil dabei auch die wichtige, psychische Entspannung hinzukommt.

Ist der Zeitaufwand nicht zu hoch?

Nein. Denken Sie an die Vorbereitungszeit bei anderen Sportarten – umziehen, eventuell die Fahrt zum Sportplatz. Hinterher duschen, wieder umziehen. Außerdem: Beim Gehen geraten Sie nicht aus der Puste, kommen Sie nicht so schnell ins Schwitzen.

Welche Ausrüstung ist wichtig?

Gute Sportschuhe, bequeme Kleidung. Wenn Sie Gehen zu Ihrer Disziplin machen wollen, sollten Sie sich in einem Fachgeschäft beraten lassen. Bei Problemfüßen (und wer hat die nicht?) lohnt sich der Gang zum Orthopäden.

Wie vermeide ich Blasen und Druckstellen?

Besonders gefährdete Stellen – wie die Fersen – mit wasserfestem Pflaster abkleben. Oder zwei Paar Socken übereinander ziehen. Die müssen allerdings eng und ohne Falten anliegen.

Wann ist Gehen gefährlich?

Wenn Sie ziehende oder stechende Schmerzen in der Herzgegend und in der Lunge verspüren. Dann sollten Sie sich von Ihrem Arzt durchchecken lassen; er wird Ihnen auch die richtigen Regeln für Ihr ganz persönliches Training mit auf den Weg geben.

Schwimmen Sie den Fettreserven davon

Die zehn wichtigsten Fragen und Antworten zu einer der beliebtesten Sportarten

Welches Schwimmen ist gemeint?

Nicht Leistungsschwimmen, nicht bloßes Herumplanschen. Das letztere macht zwar Spaß, bringt aber nichts für Ihre Fitness. Sie sollten zumindest eine Technik richtig lernen. Beim Rückenschwimmen sind Probleme mit der Orientierung denkbar, Delphin ist für Freizeitsportler auf längere Strecken zu anstrengend, außerdem kann es dabei zu Muskelverspannungen kommen. Bleiben also Kraul- und Brustschwimmen.

Ist denn Technik so wichtig?

Ja. Selbst kleinere Verbesserungen am Bewegungsablauf bringen erstaunliche Fortschritte. Treten zum Beispiel beim Brustschwimmen Verspannungen der Nacken- und Lendenstreckmuskulatur auf, läßt sich das etwa durch eine längere Gleitphase unter Wasser mit zusätzlicher Körperstreckung korrigieren. Sie merken schon: Ein paar Stunden Schwimmkurs sind auch für denjenigen wichtig, der sich schon sehr lange über Wasser halten kann.

Was passiert beim Schwimmen?

Schwimmen stärkt Herz und Kreislauf, die Atemtätigkeit wird erhöht, der Stoffwechsel angekurbelt. Schwimmen (mit der richtigen Technik!) ist die gesündeste aller Sportarten.

Für wen ist Schwimmen geeignet?

Für alle. Vom Kleinkind bis ins hohe Alter. Wirbelsäule und Gelenke werden schonend bewegt, der Auftrieb im Wasser reduziert das Körpergewicht – ideal gerade auch für Schwergewichtige und Schwangere.

Wird dabei Energie verbraucht?

Mehr als bei anderen Ausdauersportarten. Denn zur Muskelarbeit kommt der Wärmeentzug (Wassertemperatur gegenüber Körpertemperatur). Selbst 25 Grad warmes Wasser regt den Stoffwechsel zu Höchstleistungen an – bei Vielschwimmern werden die Fettreserven des Körpers angezapft. Wenn Sie hinterher nicht gleich kalorienreiche Nahrung nachschieben, macht Schwimmen tatsächlich schlanker.

Wie oft sollte man schwimmen?

Wenn Sie ›nur‹ schwimmen, möglichst dreimal die Woche. Fangen Sie mit kleineren Strecken an, und versuchen Sie dann, auf etwa 30 Minuten pro Tag zu kommen.

Wie schnell muß man schwimmen?

Sie sollten sich beim Schwimmen wohl, nicht gehetzt fühlen. Das gilt für alle Ausdauersportarten. Also lieber länger schwimmen (gehen, laufen, radfahren), als auf Schnelligkeit zu trainieren. Faustregel für die richtige Belastung: Der Puls soll auf 180 Schläge pro Minute minus Lebensalter ansteigen – und nicht mehr.

Schwimmen – auch während der Periode?

Wenn Sie sich mit einem Tampon schützen: ja. Schwimmen hilft gegen Krämpfe im Unterleib, das Wasser wirkt gleichzeitig wie eine sanfte Massage.

Ein Badeanzug genügt doch als Ausrüstung?

Meistens. Manchmal sind Badekappen vorgeschrieben, weil einzelne Haare die Wasserfilter verstopfen können. Wenn Sie empfindliche Augen haben, sollten Sie eine Schwimmbrille tragen. Denn nicht nur Desinfektionsmittel wie Chlor reizen die Augen, sondern auch Belastungsstoffe, also Schweiß und Körpercremes, von denen kaum ein Schwimmbad verschont bleibt. Und: Je länger Sie im Wasser sind, desto mehr verändert das den Fettsäuremantel der Haut – sie trocknet aus und wird rissig. Nach dem Schwimmen also nicht mit Körperlotion sparen.

Ist Schwimmen gänzlich ungefährlich?

Ja. Wenn Sie nicht überhitzt sind – weil sonst der plötzliche Kältereiz den Kreislauf belastet. Wenn Sie keinen vollen Magen haben – weil Ihnen das Schwimmen dann die Energie entzieht, die Sie für den Verdauungsvorgang brauchen.

Radeln Sie auf den Gipfel der Fitness

Die zehn wichtigsten Fragen und Antworten zu einem schnellen Freizeitspaß

Welches Radfahren ist gemeint?

Wenn es um einen allgemeinen Trainingseffekt geht: jedes. Schon bei kurzen Strecken trainieren Sie vor allem die Bauch-, Po- und Beinmuskulatur und beugen Cellulite vor. Wenn Sie mit dem Rad Ausdauersport betreiben wollen, sollten Sie mindestens 20 Minuten bei Trainingspuls (180 minus Lebensalter) radeln.

Was passiert beim Radfahren?

Längeres Radfahren ist wie eine Sauerstoffdusche für Ihren Körper (wenn Sie nicht gerade im Großstadtverkehr unterwegs sind). Außerdem wird, wenn Sie die Belastungen wechseln – Schnellfahren, Steigungen – die gesamte Muskulatur trainiert.

Für wen ist Radfahren geeignet?

Für Leute, die es eilig haben – mit dem Fahrrad kommen Sie bei gleichem Energieaufwand fünfmal so weit wie beim normalen Gehen und sind dabei viermal so schnell. Für Übergewichtige – Sie können bequem Herz und Kreislauf belasten, weil der Sattel das Gewicht trägt. Die Gelenke werden geschont.

Nimmt man dabei ab?

Bei jedem richtig betriebenen Ausdauersport (s. Seiten 70/71) nehmen Sie ab. Beim Radfahren kommt hinzu, daß der Kalorienverbrauch mit zunehmender Geschwindigkeit stark ansteigt. Bei 70 kg Körpergewicht und 20 km/h sind das pro Stunde 573 Kilokalorien, bei 30 km/h bereits 764 Kilokalorien.

Welche Räder gibt es?

Rennräder, Sport- und Tourenräder, Hollandräder, Klappräder – und immer wieder mal was Neues, wie etwa die Mountain-Bikes. Sie sollten sich im Fachhandel ausführlich beraten lassen, welches Rad Ihren Bedürfnissen gerecht wird. Das von JOURNAL FÜR DIE FRAU entwickelte Rad ist eine Kombination aus Sport- und Hollandrad – also ein besonders lauffreudiger ›Lastesel‹.

Wie hoch sollte der Rahmen sein?

Grundregel: innere Schrittlänge minus 25 Zentimeter. Die Rahmengröße ist das Maß vom Tretlager bis zum Ende des Rohrs, in dem das Sattelrohr steckt. Die richtige Rahmenhöhe ermöglicht auch längere Fahrten, ohne Schmerzen in Waden und Oberschenkel.

Welcher Sattel ist richtig?

Breite, weiche Sättel sind nur bei kurzen Strecken angenehm. Sie hindern die Oberschenkel und Pomuskeln bei ihrer Arbeit. Der Erfolg der Bequemlichkeit: Muskelkater in den Waden. Gewöhnen Sie sich lieber gleich an einen harten, schmalen Sattel.

Rennlenker oder Gesundheitslenker

Am besten wählen Sie den Mittelweg: den Sportlenker. Sie sollten nicht zu aufrecht sitzen, weil dann die Wirbelsäule ständig Stöße abbekommt. Der Rennlenker ermöglicht zwar ein windschnittiges Fahren, diese gekrümmte Haltung kann aber Verspannungen der Rückenstreckmuskulatur provozieren.

Ist vorheriges Aufwärmen wichtig?

Nicht beim Radfahren. Sie fangen einfach langsam an – und steigern dann die Geschwindigkeit. Den letzten Streckenabschnitt sollten Sie wieder geruhsam ausklingen lassen.

Kann Radfahren gefährlich sein?

Nicht, wenn Sie Ihrem Rad die gleiche Pflege angedeihen lassen wie etwa Ihrem Auto. Überprüfen Sie regelmäßig Bremsen, Beleuchtung, Reifendruck. Dann fahren Sie mit Sicherheit gut.

Laufen Sie zu neuer Form auf

Die zehn wichtigsten Fragen und Antworten zu einer besonders gesunden und preiswerten Sportart

Welches Laufen ist gemeint? Keine 100-m-Spurts, keine Marathonläufe. Sie sollten sich beim Joggen locker unterhalten können. Wenn Sie aus der Puste kommen: zwischendurch eine Strecke gehen.

Was passiert beim Laufen? Laufen ist das einfachste und wirksamste Mittel gegen Bewegungsmangel. Die Regulationsmechanismen des Herz-Kreislaufsystems werden trainiert, die Sauerstoffversorgung des Herzens und der Muskulatur verbessert.

Für wen ist Laufen geeignet? Für Alte und Junge. Selbst im hohen Alter kann man damit noch beginnen – dann aber bitte vorher zum Arzt und einen Test über die Belastbarkeit machen lassen. Übergewichtige sollten, um die Gelenke zu schonen, besser radfahren oder schwimmen.

Wie sollte man laufen? Oberkörper aufrecht – also nicht nach vorne knicken. Kein Hohlkreuz, Kopf gerade halten. Die Arme schwingen in Hüfthöhe locker mit. Die Füße mit der Außenseite der Ferse aufsetzen und abrollen; die Fußspitzen dürfen nicht nach außen zeigen, sonst schmerzen die Gelenke, Sehnen und Bänder.

Wo sollte man laufen? Möglichst nicht auf harten und unebenen Böden. Der oft empfohlene Waldboden ist nur dann wirklich ideal, wenn der Fuß noch genügend Widerstand beim Abdrücken spürt. Zu harter und zu weicher Untergrund strapazieren Beingelenke und Achillessehne.

Welche Ausrüstung ist wichtig?

Die Laufschuhe müssen auf das Körpergewicht und den Untergrund abgestimmt sein. Die Ferse soll fest sitzen, der Mittelfuß muß gestützt werden, die Zehen brauchen etwa drei Millimeter Spielraum. Breite Laufflächen im Fersenbereich und eine gut gedämmte Sohle verhindern die stauchende Belastung für Füße und Unterschenkel. Bei der Kleidung sollte der Schweiß nach außen abdunsten können.

Wie lange sollte man Laufen?

So lange es Ihnen Spaß macht. Versuchen Sie, anfangs – unterbrochen durch Gehpausen – auf 30 Minuten zu kommen. Egal, wie lange Sie laufen, den Trainingspuls (180 minus Lebensalter) sollten Sie nicht überschreiten – weil sonst das Blut nicht soviel Sauerstoff anliefern kann, wie die Muskeln verbrauchen.

Wenn das Wetter nicht mitspielt?

Laufen im Regen (mit rutschsicherer Sohle) ist angenehmer als in großer Hitze. Aber das ist natürlich Geschmackssache. Sie können auch im Zimmer auf der Stelle laufen (weiche Unterlage!) oder sich ein Laufband zulegen.

Was sollte man nach dem Laufen trinken?

Am besten magnesiumhaltiges, mineralreiches Wasser mit wenig Kohlensäure. Dann wird das, was Sie beim Schwitzen an Salzen und Magnesium verloren haben, wieder ausgeglichen. Wenn Sie mehr Geld ausgeben wollen: Es gibt eine breite Palette von ›Sportdrinks‹, die das gleiche bewirken.

Kann Laufen auch gefährlich sein?

Als 1984 der Jogger-Papst James F. Fixx beim Lauftraining tot umfiel, geriet eine der gesündesten Sportarten plötzlich ins Gerede. Zuviel Ehrgeiz ist bei jeder Sportart schädlich. Wer Probleme mit dem Herzen nicht ausschließen kann (oder sichergehen möchte, daß er keinen verborgenen Herzfehler hat), sollte sich vom Sportarzt die individuelle Leistungsgrenze festlegen lassen.

Skilanglaufen Sie in einer erholsamen Spur

Die zehn wichtigsten Fragen und Antworten zu einer äußerst naturverbundenen Sportart

Warum Skilanglauf – und nicht alpiner Skisport?

Wir möchten Ihnen den alpinen Skilauf natürlich nicht ausreden. Aber als Gesundheitssport ist er wirklich nicht zu empfehlen. Abgesehen von der hohen Verletzungsquote kann die statische Belastung zu einer Überforderung des Herz-Kreislaufsystems führen. Beim Skilanglauf wird der gesamte Körper dynamisch belastet. Sie bestimmen Tempo und Bewegungsabläufe – nicht der Berg.

Was passiert beim Skilanglauf?

Die Leistungsfähigkeit von Herz, Kreislauf, Atmung und Stoffwechsel wird verbessert. Aber auch das neurovegetative System, der Hormonhaushalt, der Stütz- und Bewegungsapparat werden trainiert.

Für wen ist Skilanglauf geeignet?

Langlaufen können Sie in jedem Lebensalter. Umfang und Stärke der Belastung lassen sich individuell anpassen. Die rhythmische Gleitbewegung wird von Sportmedizinern sogar bei Verschleißerscheinungen der Gelenke empfohlen, weil sie wechselweise belastet werden.

Skilanglauf als Therapie?

Ja, mehr als beim normalen Laufen wird die Wirbelsäule in die Bewegung mit einbezogen. Und die Rumpfmuskulatur wird mittrainiert – ganz wichtig bei Haltungsschwächen. Hinzu kommt der hohe psychische Erholungswert in der freien Natur.

Kann man bedenkenlos in die Loipe gehen?

Eine Grundkondition sollten Sie den Sommer über (Laufen/Radfahren) erworben haben. Oder aber, wie bei anderen Sportarten auch, langsam mit dem Skilanglauf beginnen. Dann können Sie bedenkenlos querfeldein wandern oder in der vorgespurten Bahn, also der Loipe, gleiten.

Muß man eine bestimmte Technik lernen?

Sie müssen nicht, aber natürlich hilft Ihnen ein Skikurs, sich schneller zurechtzufinden. Die Grundbewegung ist der Diagonalschritt – der entspricht dem gewöhnlichen Gehen. Sie stoßen sich mit dem einen Bein ab und gleiten auf dem anderen. Und umgekehrt. Wie beim Gehen schwingen die Arme diagonal mit – gleichzeitig mit dem rechten Bein ziehen Sie den linken Arm nach vorne.

Die richtige Länge der Skier und Stöcke?

Addieren Sie zu Ihrer Körpergröße 25 cm, dann haben Sie die richtige Skilänge. Die Stöcke sollten unter den waagerecht ausgestreckten Arm passen.

Welche Bindung, welche Schuhe?

So wie es Skier für die unterschiedlichen sportlichen Anforderungen gibt, bekommen Sie auch Bindungen für Skiwanderer, Touren- und Rennläufer. Die Schuhe müssen zur Bindung passen. Wenn Sie lieber geruhsam wandern oder gleiten wollen, sollten Sie auf schmale ›Rennskier‹ und extrem leichte und weiche Schuhe verzichten. Viel wichtiger ist, daß der Schuh gut am Fuß sitzt (4 mm Spielraum zur Spitze) und wasserdicht ist.

Welche Kleidung?

Schweiß muß abdunsten können, also keine luftundurchlässige Plastikkleidung. Keinen dicken Skioverall anziehen, sondern lieber mehrere dünne Kleidungsstücke übereinander. Dann können Sie je nach Temperatur variieren.

Was tun, wenn man beim Gleiten plötzlich zu schnell wird?

Fahren Sie in den ungespurten Schnee, der bremst. Aber mit Rücklage, sonst kippen Sie nach vorne. In gefährlichen Situationen lieber kontrolliert stürzen. Wie beim alpinen Skilauf: seitlich nach hinten absetzen.

Testen Sie Ihre Streß-Gefährdung

Hier geht's los mit der Psycho-Gymnastik – dem Anti-Streß-Programm von JOURNAL FÜR DIE FRAU. Sie wissen ja: Positiver Streß – ›Eustreß‹ genannt – ist lebensnotwendig; er fördert Leistung und setzt Energien frei. Negativer Streß aber – der ›Distreß‹ – ist lebensbedrohend; er überfordert den Menschen, macht ihn nervös und krank. Mit einem einfachen Diagramm können Sie Ihre ganz persönliche Streß-Gefährdung testen

Streß äußert sich auf drei Ebenen: der körperlichen, der emotionalen und der geistigen Ebene. Wenn Sie wissen wollen, ob Sie sich noch im positiven Streßbereich befinden oder schon im negativen, beantworten Sie bitte die jeweils zehn Fragen. Für jede Frage, die Sie mit ›ja‹ beantworten, notieren Sie einen Punkt.

Körperliche Ebene

Leiden Sie unter Einschlaf- oder Durchschlafstörungen?
Sind Sie tagsüber oft müde und abgespannt?
Haben Sie öfter Verdauungsstörungen?
Wird Ihnen bei nichtigen Anlässen schwindlig?
Haben Sie öfter Herzjagen?
Bekommen Sie bei nichtigen Anlässen Atembeschwerden?
Leiden Sie öfter unter Schweißausbrüchen?
Verspüren Sie öfter Magendruck?
Haben Sie öfter Kopfschmerzen?
Ist Ihr Blutdruck erhöht oder erniedrigt?

Emotionale Ebene

Fühlen Sie sich oft allein oder isoliert?
Sind Sie oft deprimiert – auch ohne besondere Anlässe?
Würden Sie sich oft am liebsten verkriechen?
Haben Sie wenig Gelegenheit, Ihre Gefühle zu äußern oder auszuleben?
Verlieren Sie öfter die Selbstkontrolle?
Fühlen Sie sich bedroht, sind Sie ängstlicher als früher?
Sind Sie oft plan- und ziellos?
Fehlt Ihnen in letzter Zeit die Motivation, etwas Neues anzupacken?
Sind Ihre Reaktionen öfter unangemessen heftig?
Sind Sie nervöser, gehemmter als früher?

Geistige Ebene

Ist Ihre Konzentration und Merkfähigkeit in Konfliktsituationen schlechter als früher?
Hat sich in Beruf und Freizeit eine allgemeine Interessenlosigkeit entwickelt?
Hat Ihre Selbstkontrolle und Disziplin in letzter Zeit abgenommen?
Vergessen Sie öfter als früher wichtige Dinge?
Fällt es Ihnen schwer, neue Dinge zu lernen?
Sind Sie öfter entscheidungsunfähig oder gleichgültig?
Haben Sie öfter das Gefühl, nicht mehr mitreden zu können?
Wachsen Ihnen viele Dinge über den Kopf?
Können Sie weniger in Ruhe und nacheinander Arbeiten erledigen als früher?
Verlieren Sie in Gesprächen manchmal den roten Faden?

Die Auswertung

Zählen Sie für jeden Bereich die Punktzahl zusammen, und tragen Sie diese in das Diagramm auf Seite 85 ein. Dann addieren Sie die Punkte des körperlichen, emotionalen und geistigen Bereichs, teilen sie durch 3 und tragen diesen Mittelwert in der entsprechenden Spalte ein. Ganz rechts können Sie ablesen, wie stark Ihre jeweilige Streßgefährdung ist.

Wie Sie mit Streß richtig umgehen und negative Streßsymptome bekämpfen, erfahren Sie auf den nächsten Seiten.

So bekämpfen Sie negativen Streß

Mit den 30 Fragen haben Sie Ihr ganz persönliches Streßprofil gefunden. Hier lesen Sie, wie Sie Negativstreß gezielt bekämpfen können

Streß im körperlichen Bereich

Sie sollten erst einmal Ihre vegetativen Funktionen verbessern. Regelmäßige sportliche Aktivitäten, vor allem Ausdauersport (Seiten 70 bis 81) sind dabei eine große Hilfe. Aber auch Saunabesuche, Massagen, Wechselduschen, lange Spaziergänge zeigen Wirkung.

Hilfreich sind außerdem die Übungen, die wir Ihnen im Bereich der Psycho-Gymnastik (Seiten 86 bis 147) vorstellen.

Stellen Sie zusätzlich Ihre Ernährung um. Essen Sie weniger Fett, salzärmer und vitaminreicher. Schränken Sie Ihren Kaffee- und Alkoholkonsum ein.

Streß im emotionalen Bereich

Erstens: Alle Übungen im Bereich der Psycho-Gymnastik (Seiten 86 bis 147).

Korrigieren Sie zweitens Ihre Ernährungsgewohnheiten: vitaminreichere Kost, Rohkost, fettarme Milchprodukte.

Drittens wichtig: Regelmäßige sportliche Aktivitäten – vor allem Ausdauersport (Seiten 70 bis 81).

Streß im geistigen Bereich

Zunächst sind alle Übungen im Bereich der Psycho-Gymnastik (Seiten 86 bis 147) wichtig.

Dann machen Sie Konzentrationsübungen. Lernen Sie beispielsweise kurze Texte auswendig.

Stellen Sie auch hier Ihre Ernährung um: leichte, eiweißhaltige Kost; weniger Kaffee und Alkohol.

DER EXTRA-TIP

Wir haben die drei Streßbereiche – körperlich, emotional, geistig – voneinander getrennt, damit Sie die Schwerpunkte Ihrer Streßgefährdung herausfiltern und entsprechend reagieren können. In Ihrer Gesamtwirkung machen sich die Streßsymptome aber nicht isoliert bemerkbar. Sie beeinflussen und verstärken sich sogar gegenseitig.

Kopieren Sie sich das Streßprofil auf dieser Seite, oder zeichnen Sie es ab. Tragen Sie alle paar Wochen die neuen Zahlen ein – also die Punkte, die Sie bei den Antworten auf die 30 Fragen (Seiten 82/82) notiert haben. Dann sehen Sie am besten, welche Fortschritte Sie machen.

Ihr persönliches Streßprofil

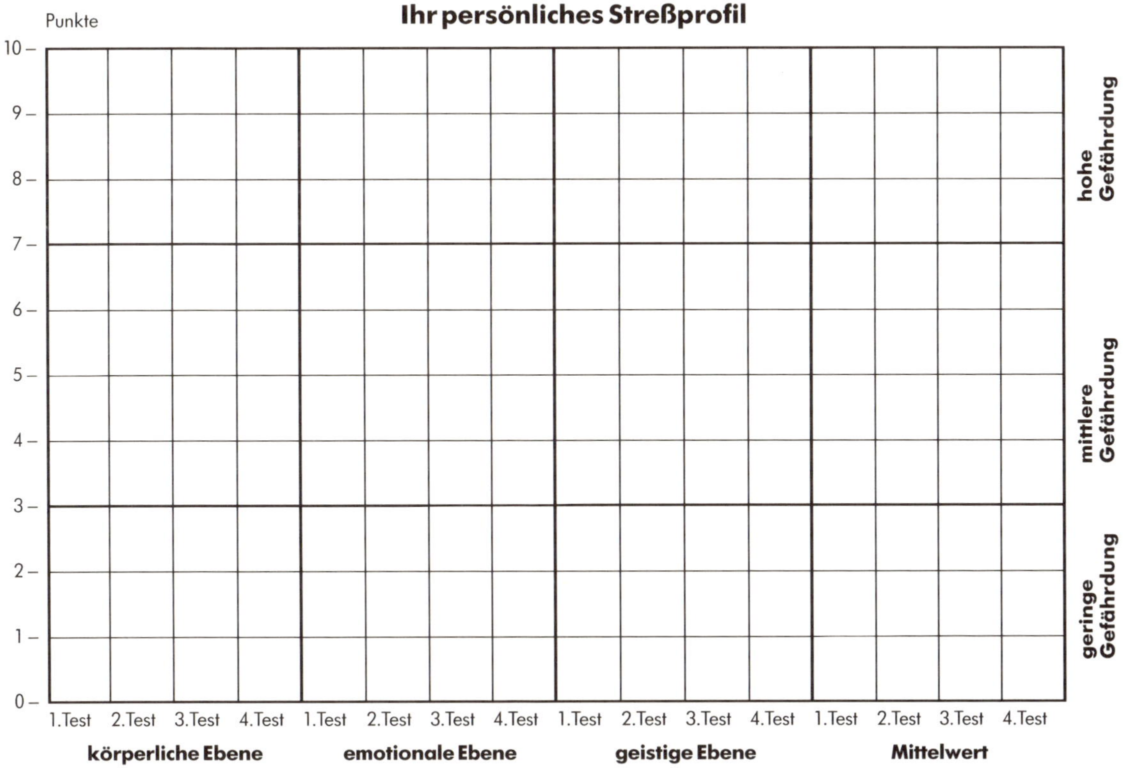

›Streßprofil‹ mit freundlicher Genehmigung übernommen von Dr. med. Christoph Schenk, ›Streß bewältigen durch Entspannung‹, Band 0834, 88 Seiten, DM 9,80. Falken-Verlag, D-6272 Niedernhausen.

Platz frei für neue Energien

Mit diesen sechs Übungen beruhigen Sie Ihre Nerven und entspannen den ganzen Körper

Entspannung hat nichts mit Trägheit zu tun. Entspannung ist die bewußte Lockerung des Körpers – der Geist bleibt wach, die volle Konzentration besteht weiter. Wenn Sie geistig und körperlich erschöpft sind, sollten Sie sich erst vollkommen entspannen, um dann wieder neue Energien zu schöpfen. Entspannen Sie sich vor wichtigen Entscheidungen, Prüfungen, nach Aufregungen und Ärger. Nach besonderen Anstrengungen und Erfolgen. Entspannungsübungen sollten wie die tägliche Gymnastik zu einem ganz normalen Service für Ihren Körper und Ihre Seele werden.

1 Das beruhigt die Nerven

Knien Sie sich auf den Boden, legen Sie einen a geblasenen Luftballon oc ein Kissen unter den Po, und setzen Sie sich drauf. Dann einfach ruhig ein- u ausatmen. (Übungen für richtige Atmung finden S auf den Seiten 90 und 91. 1 bis 3 Minuten lang

2 Das entstaut die Beine

Legen Sie sich auf den Rükken, der Luftballon (das Kissen) sitzt zwischen den Kniekehlen. Die Arme liegen entspannt neben dem Oberkörper. Ruhig ein- und ausatmen.
1 bis 3 Minuten lang

3 Das massiert den Unterleib

Setzen Sie sich mit geradem Rücken auf den Boden, die Beine nach vorne ausgestreckt. Den Luftballon (das Kissen) drücken Sie eng an Ihren Bauch. Atmen Sie tief ein. Beim Ausatmen den Oberkörper über die Beine beugen, dabei die Knöchel umfassen. Einige Sekunden so bleiben, einatmen und wieder aufrichten.
3mal wiederholen

4 Das entspannt die Wirbelsäule

Knien Sie sich auf den Boden, beugen Sie den Oberkörper nach vorne. Legen Sie den Luftballon (das Kissen) unter die Stirn, strekken Sie die Arme weit nach vorne. Die Oberschenkel sollten bei dieser Stellung im rechten Winkel zu den Unterschenkeln sein. Alle Muskeln entspannen, gleichmäßig atmen.
1 bis 3 Minuten lang

DER EXTRA-TIP

Das sollten Sie nach allen Übungen – auch nach der Problemzonen-Gymnastik – tun: Sie haben sich gedehnt und gestreckt, Muskeln angespannt und wieder losgelassen, jetzt atmen Sie tief bis ins Zwerchfell. Horchen Sie in sich hinein, spüren Sie, wie die wohlige Wärme, die während der Anspannung erzeugt worden ist, Ihren ganzen Körper belebt.

5 Das entspannt Nacken und Schultern

Legen Sie sich mit dem Rücken auf den Boden. Schieben Sie den Luftballon (das Kissen) unter den Nacken. Jetzt tief ein- und ausatmen.
1 bis 3 Minuten lang

6 Das tut der Brustwirbelsäule gut

Legen Sie sich auf den Boden, schieben Sie den Luftballon (das Kissen) unter Ihren Rücken – an die Stelle, die für Sie am angenehmsten ist. Die Arme liegen entspannt neben dem Oberkörper. Ruhig und tief ein- und ausatmen.
1 bis 3 Minuten lang

So atmen Sie richtig

Ein altes Yoga-Sprichwort sagt: Atem ist Leben, wer nur halb atmet, lebt auch nur zur Hälfte. Sie werden sehen – es stimmt

1 Bewußt atmen

Legen Sie sich auf den Rükken, die Beine sind angewinkelt aufgestellt, die Handflächen liegen auf dem Bauch. Ausatmen: Bauchdecke einziehen und langsam alle Luft aus der Lunge pressen. Dann den Bauch entspannen. Die Luft strömt allein in die Lunge und drückt das Zwerchfell nach unten, die Bauchdecke hebt sich

2 Tief atmen

Setzen Sie sich mit gekreuzten Beinen auf den Boden. Atmen Sie langsam durch die Nase aus, dabei den Bauch so weit wie möglich einziehen. Dann ganz langsam und ruhig durch die Nase wieder einatmen. Gleichzeitig den Bauch mit der Bauchmuskulatur herauspressen – so kommt Luft auch in die tieferen Teile der Lunge

3 Brust dehnen

Wieder langsam und ruhig einatmen. Gleichzeitig den Bauch leicht einziehen und die Brust so weit wie möglich dehnen . . .

. . . weiter langsam und ruhig einatmen, gleichzeitig die Schultern so weit wie möglich anheben. So kommt Luft in den oberen Lungenbereich. Mit angehobenen Schultern die Luft ein paar Sekunden anhalten, dann langsam und ruhig ausatmen, Schultern und Brust entspannen, den Bauch wieder fest einziehen.

Stretching: Dehnen und strecken Sie sich gesund

Stretching ist Dehnen und Strecken auf die allersanfteste Art. Stretching macht Sie beweglicher und Ihre Atmung freier

1 Stretching für die Schulter

Stellen Sie sich gerade h
die Hände hinter dem R
ken verschränkt. Jetzt c
Arme strecken und heb
Bauch einziehen, der B
korb ist vorgewölbt, da
Kinn zurückgenommer
bis 20 Sekunden in dies
Stellung bleiben.
2mal wiederholen

2 Stretching für die Wirbelsäule

Stellen Sie sich in Schrittstellung gerade hin, die Fußspitzen zeigen nach vorn. Die Arme halten Sie gestreckt neben dem Körper. Jetzt beugen Sie den Oberkörper nach vorn und bleiben in dieser Stellung 10 bis 20 Sekunden.
2mal wiederholen

Stretching macht Sie fit für andere Sportarten und verhindert Verletzungen wie z. B. Muskelzerrungen. Ein starker, bereits gedehnter Muskel verträgt Belastungen besser als ein starker, ungedehnter Muskel.

3 Stretching für die Hüfte

Stellen Sie sich gerade hin, machen Sie dann einen weiten Ausfallschritt nach vorn. Beugen Sie den Oberkörper nach unten, und setzen Sie Ihre Hände neben dem gebeugten Bein auf. Das hintere Knie ganz durchdrücken. Jeweils 10 bis 20 Sekunden in dieser Stellung bleiben, dann die Beine wechseln.
2mal wiederholen

DER EXTRA-TIP

Stretching entwickelt das Körperbewußtsein – Sie lernen Ihren Körper besser kennen. Wichtig: ohne Schmerzen dehnen, nicht auf- und abfedern. Atmen Sie langsam und gleichmäßig – halten Sie nie die Luft an.

4 Stretching für den Bauch

Mit dem Rücken auf den Boden legen. Beide Hände fassen das linke Knie und ziehen es so weit wie möglich zur Brust. Dabei den Kopf anheben und das andere Bein gestreckt lassen. Nach 10 bis 20 Sekunden Beine wechseln.
2mal wiederholen

5 Stretching für die Knie

Legen Sie sich mit dem Bauch auf den Boden, der rechte Unterarm ist vor dem Oberkörper aufgestützt. Mit der linken Hand den linken Fuß fassen und die Ferse zum Po ziehen. 10 bis 20 Sekunden halten, dann die Beine wechseln.
2mal wiederholen

Soft-Übungen: Die entspannen und kräftigen Sie zugleich

Bei dieser ›soften‹ – sanften – Gymnastik machen Sie alle Übungen mit starker Muskelanspannung. Die Bewegungen werden ganz langsam durchgeführt. Sie können sich also besonders gut auf die einzelnen Muskelgruppen konzentrieren

2 Soft-Gymnastik für den Bauch

Setzen Sie sich auf den Boden, stützen Sie sich mit den Händen neben dem Rücken auf. Jetzt heben Sie die Beine. In dieser angespannten Haltung die Unterschenkel langsam beugen und wieder strekken. Beim Strecken die Knie immer ganz durchdrücken.
16mal wiederholen

1 Soft-Gymnastik für die Taille

Setzen Sie sich mit aufrechtem Oberkörper auf den Boden, die Beine rechts zur Seite gebeugt. Jetzt heben Sie die Arme über den Kopf und legen die Hände leicht übereinander. Einatmen; beim Ausatmen Arme und Oberkörper langsam über die Beine beugen. Dann die Seite wechseln.
Jeweils 8mal wiederholen

3 Soft-Gymnastik für die Hüfte

Setzen Sie sich auf den Boden, halten Sie beide Arme angewinkelt vor die Brust. Abwechselnd das linke Bein über das rechte kreuzen und umgekehrt. Mit dem Oberkörper machen Sie dabei immer eine Gegenbewegung: kreuzen Sie das linke Bein über das rechte, ziehen Sie also Ihren Oberkörper nach links.
Je Bein 8mal wiederholen

5 Soft-Gymnastik für die Oberschenkel

Knien Sie sich auf den Boden, legen Sie die Arme gestreckt an den Körper. Beugen Sie sich mit gestrecktem Oberkörper langsam zurück. In dieser Stellung zählen Sie bis 8, dann gehen Sie wieder in die Ausgangsstellung zurück. 4mal wiederholen

4 Soft-Gymnastik für den Po

Legen Sie sich mit dem Bauch auf den Boden, stützen Sie sich mit den Unterarmen auf. Abwechselnd das linke und das rechte Bein gestreckt heben, bis 16 zählen und wieder senken. Bein- und Pomuskeln müssen gespannt bleiben. 4mal wiederholen

Bitte Haltung bewahren

Der innere Halt spiegelt sich meist in der äußeren Haltung wider. Wer Probleme hat, ist auch meistens äußerlich verkrampft

1 Langsame Kniebeuge

Stellen Sie sich gerade hin, fassen Sie einen Stab (Besenstiel) mit angewinkelten Armen hinter dem Kopf. Langsam in die Kniebeuge gehen und wieder hochkommen.
8mal wiederholen

2 Rücken-Training

Stellen Sie sich mit geschlossenen Beinen gerade hin, den Stab halten Sie senkrecht hinter dem Rücken. Jetzt schieben Sie den Stab mit den Händen hoch, dann wieder nach unten. Die Ellenbogen dabei nach hinten drücken.
8mal wiederholen

3 Pendel-Übung

Stellen Sie sich mit leicht geöffneten Beinen gerade hin. Den Stab fassen Sie mit angewinkelten Armen hinter dem Kopf. Jetzt beugen Sie den Oberkörper nach vorn und drehen ihn abwechselnd zur rechten und linken Seite.
8mal wiederholen

4 Flieger-Übung

Stellen Sie sich gerade hin, den Stab fassen Sie mit beiden Händen waagerecht hinter dem Rücken. Langsam den Oberkörper nach vorn beugen und gleichzeitig die Arme nach oben ziehen.
8mal wiederholen

5 Boden-Wippe

Legen Sie sich mit dem Bauch auf den Boden, fassen Sie den Stab mit beiden Händen, die Arme sind vorne gestreckt. Jetzt heben Sie langsam den Oberkörper an und senken ihn wieder.
8mal wiederholen

6

Arm-Training

Stellen Sie sich mit gegrätschten Beinen wieder gerade hin, fassen Sie den Stab mit beiden Händen hinter dem Kopf. Jetzt strecken und beugen Sie die Arme im Wechsel.
16mal wiederholen

7

Stab-Feder

Stellen Sie sich mit leicht geöffneten Beinen gerade hin. Die Hände fassen den Stab hinter dem Rücken, die Arme sind nach unten gestreckt. Jetzt federn Sie den Stab nach oben, ohne dabei die Arme anzuwinkeln.
8mal wiederholen

Fünf Übungen für Leute, die viel sitzen

Stundenlanges Sitzen geht nicht nur in die Glieder – es geht auch an die Nerven! Körperliche Verkrampfungen und Spannungen stören Ihr psychisches Wohlbefinden. Das läßt sich ändern

1 Gut für die Wirbelsäule

Stellen Sie sich gerade hin, ziehen Sie Ihr linkes Bein mit beiden Händen zum Körper. Dann kommt das rechte Bein dran. Das ist besonders gut für die Wirbelsäule.
6mal wiederholen

2 Gut für die Hüfte

Stellen Sie sich gerade hin, verlagern Sie Ihr Körpergewicht auf das rechte Bein. Jetzt schwingen Sie das linke Bein hoch vor das Standbein. Dann wieder absetzen und das gleiche mit dem rechten Bein: vor dem Standbein kreuzen und die Arme in die Gegenrichtung schwingen. Das ist besonders gut für die Hüfte

DER EXTRA-TIP

Viel Sitzen macht auch mollig. Und vor allem träge. Bewegen Sie sich, so oft es geht: verzichten Sie auf den Lift, gehen Sie einige Busstationen zu Fuß. Probieren Sie unsere Zwischendurch-Gymnastik – ab Seite 14 in diesem Buch.

3 Gut für die Schulter

Stellen Sie sich mit gegrätschten Beinen hin, die Oberarme halten Sie in Schulterhöhe. Einen Unterarm strecken Sie nach oben, der andere zeigt nach unten. Jetzt wechseln Sie die Stellung der Unterarme: linker oben, rechter unten. Ziehen Sie dabei den Bauch ein, und spannen Sie die Pomuskeln an. Das ist besonders gut für die Schulter.
16mal wiederholen

Langes Sitzen erzeugt müde Beine, führt zu Kreuzschmerzen und Verkrampfungen im Nacken- und Schulterbereich. Diese Übungen lassen sich auch zwischendurch machen – damit Sie die restlichen Stunden leichter absitzen können.

4 Gut für die Beine

Setzen Sie sich auf den Boden, stützen Sie sich mit den Händen hinter dem Rücken auf. Jetzt heben Sie die Beine hoch und fahren in der Luft Rad. Das bringt besonders viel Schwung in die Beine.
Etwa 1 bis 2 Minuten

5 Gut für den Bauch

Legen Sie sich mit dem Rücken auf den Boden, die Arme strecken Sie über dem Kopf nach oben. Jetzt mit Schwung Oberkörper und ein Bein heben. Unter dem Bein in die Hände klatschen. Zurück in die Ausgangsstellung, dann kommt das andere Bein dran. Das ist besonders gut für die Bauchmuskeln.
8mal wiederholen

Fünf Übungen für Leute, die viel stehen

Sie können sich ein Hohlkreuz erstehen (oder erlaufen). Darunter leiden vor allem die Rückennerven – und die ziehen schnell den ganzen Körper in Mitleidenschaft. Hier gibt's Abhilfe

1 Macht Beine munter

Stellen Sie sich mit gegrätschten Beinen gerade hin, strecken Sie die Arme nach vorn. Jetzt gehen Sie mit Schwung in die Kniebeuge – und mit dem gleichen Schwung wieder hoch. Das macht die Beine munter.
8mal wiederholen

2 Macht Hüften beweglich

Setzen Sie sich auf den Boden, stellen Sie die Beine etwas mehr als hüftbreit auf. Jetzt drücken Sie abwechselnd das linke und rechte Bein zum Boden – das nicht bewegte Bein sollte dabei ruhig stehen bleiben. Das macht die Hüften beweglich.
Je Bein 8mal wiederholen

DER EXTRA-TIP

Wenn Sie schon viel stehen müssen, sollten Sie sich aufrecht halten. Das beginnt bei der Beckenstellung. Also Bauch- und Beckenmuskeln spannen: Die Bewegung darf nicht zum Hohlkreuz werden, sonst leiden die Rückennerven darunter. Außerdem trägt sich bei gerader Haltung der Kopf von selbst, er ruht – ohne die Nackenmuskeln zu verspannen – auf dem obersten Halswirbel. Unser Körper ist auf aufrechte Haltung programmiert – tun Sie ihm den Gefallen!

3 Gut für den Po

Stellen Sie sich gerade hin, machen Sie einen großen Ausfallschritt nach vorn. Federn Sie nach, die Arme sind dabei seitwärts/rückwärts gestreckt. Dann wieder in die Ausgangsstellung und die Beine wechseln. Das stärkt die Bein- und Gesäßmuskulatur.
8mal wiederholen

4 Gut für den Bauch

Legen Sie sich auf den Rücken, strecken Sie die Arme zur Seite. Dann heben Sie beide Beine senkrecht hoch und kreuzen sie nacheinander im Wechsel. Das kräftigt die Bauchmuskulatur.
16mal wiederholen

5 Gut für die Wirbelsäule

Knien Sie sich auf den Boden, stützen Sie sich mit den Händen auf. Jetzt schieben Sie Ihren Oberkörper kurz über dem Boden weit nach vorn. Dann den Rücken rund machen und wieder zurückkommen. Das macht die Wirbelsäule stabil.
8mal wiederholen

Fünf Übungen für Leute, die viel gehen

Nur wer richtig geht, dem geht es gut. Körperliche und seelische Streßfaktoren liegen eng beieinander. Mit diesen Übungen vermeiden Sie beide

1 Entstaut die Beine

Stellen Sie sich gerade hin, strecken Sie die Arme nach vorne. Jetzt gehen Sie auf Zehenspitzen in die Kniebeuge, federn dabei ein paarmal nach und richten sich wieder auf. Das entstaut die Beine. 10mal wiederholen

2 Macht Knie beweglich

Sie stehen wieder aufrecht, die Hände liegen auf den Oberschenkeln. Jetzt die Knie leicht beugen und dann langsam nach links und rechts drehen. Das macht die Knie beweglich. 16mal wiederholen

DER EXTRA-TIP

Aufrechtes Gehen und Laufen ist unverkrampfte Bewegung. Herz und Lunge können frei atmen. Auch für Leber, Magen, Milz, Gallenblase, Bauchspeicheldrüse und Nieren wirkt sich die aufrechte Haltung positiv aus.

3 Dehnt die Hüfte

Stellen Sie sich gerade hin, verschränken Sie die Hände hinter dem Kopf. Dann machen Sie einen möglichst weiten Ausfallschritt und beugen dabei den Oberkörper nach vorn. Zurück in die aufrechte Haltung und mit dem anderen Bein einen weiten Schritt nach vorn machen. Das dehnt die Hüfte und die Pomuskeln. 8mal wiederholen

4 Stärkt die Wirbelsäule

Knien Sie sich auf den Boden, stützen Sie sich mit den Händen vor dem Oberkörper auf. Jetzt strecken Sie das linke Bein und den rechten Arm gleichzeitig waagerecht aus. In dieser Stellung kurz bleiben. Jetzt bitte die Balance halten und das linke Bein zum Kinn ziehen, wobei der Rücken ganz rund wird. Wieder zurück in die Ausgangsstellung, dann anderes Bein und anderen Arm ausstrecken – und wieder das Knie zum Kopf ziehen. Das stärkt die Wirbelsäule.
4mal wiederholen

5 Stärkt die Bauchmuskeln

Legen Sie sich auf den Rücken, stellen Sie die Beine auf, heben Sie den Kopf leicht an. Jetzt mit Schwung Kopf und abwechselnd ein anderes Knie zueinanderbewegen. Machen Sie diese Bewegung fließend, nicht ruckartig, und drücken Sie beim gehobenen Bein die Fersen nach vorn. Das macht die Wirbelsäule beweglich und stärkt die Bauchmuskeln. Beine wechseln.
8mal wiederholen

Tanken Sie Energie mit Bioenergetik

Bioenergetik wurzelt in der Psychoanalyse. Sie hilft dem Menschen, wieder zu sich selbst zu finden

1 So spüren Sie die Energie

Stellen Sie sich gerade hin, die Arme sind vor der Brust angehoben. Drücken Sie die gespreizten Finger der einen Hand gegen die gespreizten Finger der anderen. Handflächen und Daumenballen sollen möglichst weit voneinander entfernt sein. Jetzt drehen Sie die Fingerspitzen zu sich – sie nähern sich also langsam Ihrer Brust –, ohne den Kontakt zu verlieren.

Bleiben Sie etwa eine Minute in dieser Stellung. Atmen Sie tief durch, lockern Sie dann die Spannung. Was passiert: Sie spüren ein Kribbeln und Vibrieren in den Händen – die energetische Aufladung

2 Stehen Sie auf dem Boden der Wirklichkeit

Stellen Sie sich gerade hin, Beine etwa hüftbreit, die Füße fest gegen den Boden gestemmt. Jetzt gehen Sie leicht in die Knie, beugen den Oberkörper rückwärts, lassen dabei den Kopf aufrecht. Ziehen Sie die Fingerspitzen zu den Fersen, Po- und Bauchmuskeln sind entspannt. Atmen Sie etwa 1 Minute tief und gleichmäßig durch. Richten Sie sich wieder auf, und variieren Sie diese Übung: Diesmal stemmen Sie die Fäuste gegen Ihren Rücken. Bei beiden Übungen spüren Sie: Energie durchflutet Sie bis in die Fingerspitzen

DER EXTRA-TIP

Bioenergetik hilft Körper und Seele, erklärte ihr Mentor Alexander Lowen, der Schüler des Psychoanalytikers Wilhelm Reich: Bioenergetik soll den Menschen zum Zustand der Freiheit, Anmut und Schönheit bringen. Einfacher gesagt: Körper und Seele gehören zusammen, seelische Störungen zeigen körperliche Symptome – etwa Körperhaltung, Mimik, Atmung und Stimme. Mit Bioenergetik soll eingeschlossene Energie freigesetzt, sollen Spannungen gelöst werden. Denn der freie Fluß der Energie wird durch die (verkrampfte) Muskelspannung blockiert. Mit Bioenergetik bekommen Sie ein völlig neues Körpergefühl. Bewegen und Empfinden, Denken und Handeln werden harmonisch aufeinander abgestimmt.

3 Machen Sie sich sicher und frei

Gehen Sie in den Grätschstand, die Füße sind nach innen gedreht, der Oberkörper ist aufrecht und entspannt. Die Arme lassen Sie locker hängen. Jetzt die Knie langsam beugen, das Körpergewicht drückt Sie nach unten, die Füße sind gleichmäßig belastet. Atmen Sie tief in Ihren Bauch hinein. Sie spüren ein Vibrieren in der ganzen Beinmuskulatur

4 Stärken Sie Ihr Selbstbewußtsein

Legen Sie sich auf den Rücken, strecken Sie Beine, Kopf und Arme nach oben – nur der Rücken bleibt auf dem Boden. Sie werden nach kurzer Zeit einen Energiefluß durch den ganzen Körper spüren. Bleiben Sie, so lange es Ihnen gefällt, in dieser Stellung

5 Lösen Sie Verkrampfungen und Verklemmungen

Knien Sie sich auf den Boden, die Knie etwa hüftbreit auseinander, die großen Zehen berühren sich. Jetzt beugen Sie sich mit dem Oberkörper rückwärts, strecken die Arme hoch und spreizen die Finger möglichst weit auseinander. Tief ein- und ausatmen. Wieder spüren Sie, daß Ihr ganzer Körper vibriert

Yoga für Anfänger

Bringen Sie Körper, Seele und Geist in Einklang. Werden Sie gelöst und entspannt. Beherrschen Sie Ihren Körper. Das alles kann Yoga

1 Das dehnt die Brust

Stehen Sie gerade, aber möglichst entspannt. Führen Sie die Arme langsam nach hinten, verschränken Sie die Finger beider Hände. Beugen Sie sich zurück (nicht tiefer als auf dem Foto), blicken Sie nach oben. Bleiben Sie 10 Sekunden in dieser Haltung. Dann beugen Sie sich – immer ganz langsam und ruhig – nach vorne. Die Arme über den Rücken heben und hoch halten. Knicken Sie nicht mit den Knien ein; die Nackenmuskeln müssen ganz entspannt sein. 10 bis 20 Sekunden in dieser Haltung bleiben, dann aufrichten, Hände lösen und entspannen.
2mal wiederholen

2 Das strafft Waden und Oberschenkel

Stellen Sie sich mit geschlossenen Fersen gerade hin. Beugen Sie sich langsam nach vorn, die Arme nehmen Sie zurück und legen die Hände hinter die Kniekehlen. 10 Sekunden so bleiben, dann beugen Sie den Oberkörper noch weiter und legen die Hände hinter die Waden. Nach weiteren 10 Sekunden beugen Sie sich so tief, daß die Hände hinter den Füßen liegen. Anfangs werden Sie damit Ihre liebe Not haben

Wie gesagt: Geduld. Auch in dieser Haltung bleiben Sie 10 Sekunden. Dann richten Sie sich wieder auf und wiederholen die Übung.
1mal

ER XTRA-IP

Beginnen Sie mit täglich 10 bis 15 Minuten. Zwei bis vier Übungen sind genug. Wenn Sie spüren, daß Ihnen Yoga guttut, dann sollten Sie die Übungszeit auf eine halbe Stunde verlängern.

3 Das stärkt und dehnt die Rückenmuskulatur

Setzen Sie sich mit ausgestreckten Beinen gerade hin, die Füße beieinander. Jetzt heben Sie die Arme langsam hoch und atmen dabei tief ein. Beim Ausatmen beugen Sie den Oberkörper ein wenig nach vorn und umfassen mit den Händen die Oberschenkel. Wieder tief einatmen. Mit dem Ausatmen beginnen Sie die nächste Bewegung: Ziehen Sie den Oberkörper weit nach vorn, umfassen Sie mit den Händen die Waden. Nochmal einatmen und dann – beim Ausatmen – den Oberkörper so tief wie möglich beugen, die Stirn in Richtung Knie ziehen. Bleiben Sie 10 Sekunden in dieser Position.
2mal wiederholen

4 Das macht den Kopf klar

Knien Sie sich hin, die Zehenspitzen aufgestellt, die Hände verschränkt vor sich auf dem Boden. Beugen Sie den Oberkörper, legen Sie den Kopf in die verschränkten Hände. Stemmen Sie jetzt die Zehen gegen den Boden, und drücken Sie den Körper langsam hoch – bis die Knie durchgestreckt sind.

20 Sekunden (nicht länger!) in dieser Stellung bleiben, dann gehen Sie wieder zurück in die Ausgangsposition.
2mal wiederholen

5 Das macht Füße und Gelenke biegsam und dehnt den Rücken

Setzen Sie sich mit geschlossenen Knien auf die Fersen, die Hände auf dem Boden, die Fingerspitzen zeigen zu den Füßen. Jetzt langsam die Fingerspitzen nach hinten drehen und auf die Fußspitzen kommen.

Lehnen Sie sich zurück. Versuchen Sie, die Stellung 10 Sekunden zu halten. Wenn das zu schwierig wird, bleiben Sie nur kurz auf den Zehen stehen, auch das hilft bereits.
2mal wiederholen

6 Das stärkt die Konzentration

Die typische Yoga-Position: Gehen Sie in den Schneidersitz, ein Unterschenkel liegt auf dem anderen. Halten Sie den Rücken gerade, und legen Sie die Hände geöffnet auf die Knie. Atmen Sie ganz ruhig und tief. Versuchen Sie 2 bis 6 Minuten an etwas zu denken, was Sie ganz besonders erfreut

DER EXTRA-TIP

Sie sollten in einer Haltung möglichst lange verharren und alle Übungen langsam und harmonisch durchführen. Dann wirken sie sich gleichermaßen positiv auf Nervensystem, Muskelgruppen, Bänder, Gelenke und Organe aus.

Sie können diese Konzentrationsübung auch variieren: Setzen Sie sich auf die Fersen, halten Sie den Rücken gerade. Die Hände liegen locker auf den Oberschenkeln. Ruhig und tief atmen – und möglichst positiv denken. 2 bis 4 Minuten lang

DER EXTRA-TIP

Legen Sie ein Badetuch oder eine Wolldecke auf den Fußboden. Ziehen Sie etwas Leichtes an – die Kleidung darf Sie nie beengen. Und achten Sie auf richtige Atmung. Übungen für richtiges Ein- und Ausatmen finden Sie auf den Seiten 90/91.

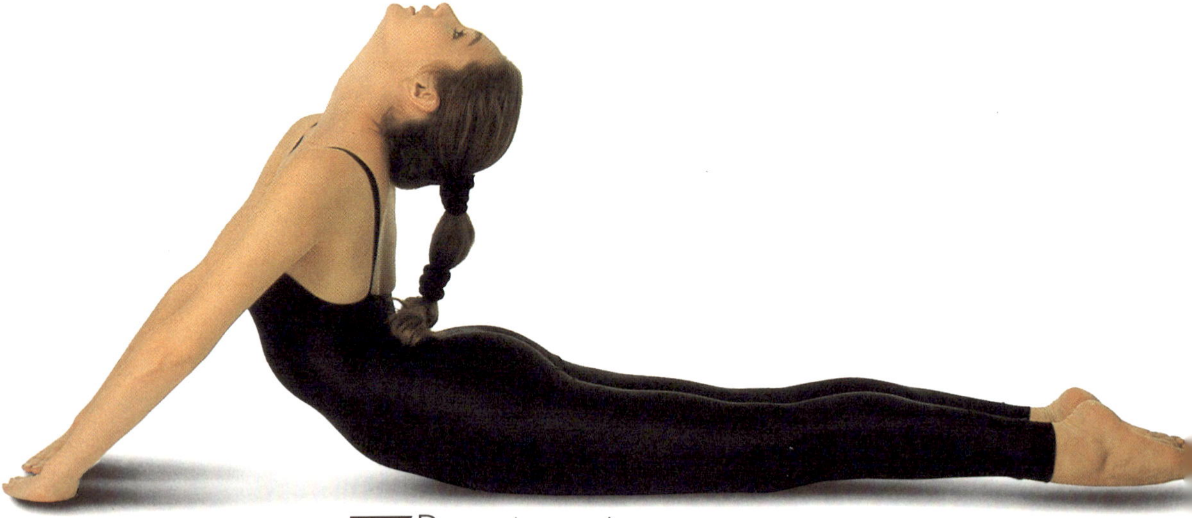

7 Das entspannt Rücken und Wirbelsäule

Legen Sie sich mit dem Bauch auf den Boden, stützen Sie sich auf die Unterarme. Die Hände sind geschlossen, die Fingerspitzen zeigen zueinander. Stemmen Sie jetzt die Hände gegen den Boden, und heben Sie langsam den Oberkörper hoch. Die Wirbelsäule muß gebogen sein. Jetzt legen Sie langsam den Kopf in den Nacken – und bleiben möglichst bewegungslos 10 Sekunden in dieser Stellung.
Dann senken Sie den Oberkörper wieder langsam, legen die Stirn auf die Hände und entspannen sich.
2- bis 4mal wiederholen

8 Das beruhigt die Nerven

Setzen Sie sich auf die Fersen, jetzt kommen Sie langsam auf die Knie und drücken die Wirbelsäule kräftig durch. Strecken Sie die Arme nach hinten, greifen Sie mit den Händen an die Fersen. Üben Sie Druck auf das Kreuz aus, und atmen Sie 10 bis 20 Sekunden gleichmäßig durch. Dann wieder auf die Fersen setzen und entspannen.
2mal wiederholen

9 Das kräftigt die Beine

Legen Sie sich mit dem Bauch auf den Boden. Ballen Sie die Fäuste, und drücken Sie diese – Handflächen nach unten – zu beiden Seiten des Körpers fest gegen den Boden. Jetzt heben Sie das linke Bein langsam so hoch wie möglich. 5 Sekunden halten, dann wieder senken und das gleiche mit dem rechten Bein. Wieder senken und kurz entspannen. Dann heben Sie beide Beine so hoch wie möglich, ebenfalls 5 Sekunden halten, senken und entspannen.
Wichtig: Beim Anheben flach Atem holen, dann Luft anhalten; beim Senken ausatmen.
2mal wiederholen

DER EXTRA-TIP

Wichtig ist, daß Sie bei den Übungen Ruhe haben. Am besten entspannt es Sie, wenn Sie stets zur gleichen Zeit (morgens oder abends) und am selben Ort üben.

10 Das regt den Kreislauf an

Legen Sie sich auf den Rücken, die Arme neben dem Körper ausgestreckt, die Handflächen nach unten. Spannen Sie jetzt Bauch- und Beinmuskeln an, heben Sie die Beine mit Schwung hoch. Drücken Sie das Kinn gegen die Brust, stützen Sie mit den Händen den Rücken, und stemmen Sie die Beine zur Kerze hoch. Diese Stellung möglichst 1 Minute halten. Dann die Hände vom Rücken lösen, Arme ausstrecken und die Füße über den Kopf auf den Boden setzen (Foto). 10 Sekunden so bleiben, dann wieder in die Ausgangsstellung zurückrollen.
2mal wiederholen

11 Das ist gut für das innere und äußere Gleichgewicht

Stellen Sie sich gerade hin, heben Sie die Arme hoch, und falten Sie die Hände über dem Kopf. Tief ein- und ausatmen, dann langsam auf die Zehenspitzen stellen und 1 Minute in dieser Stellung bleiben.
2mal wiederholen

12 Das macht die Taille schlank

Setzen Sie sich wieder mit gekreuzten Beinen auf den Boden. Der Oberkörper ist aufrecht, die Hände sind hinter dem Kopf verschränkt, die Ellenbogen nach hinten gebogen. Beugen Sie sich jetzt ganz langsam nach rechts – lassen Sie aber beide Knie auf dem Boden. Der linke Ellenbogen zeigt aufwärts, der rechte geht zum linken Knie. Bleiben Sie 5 Sekunden in dieser Stellung. Dann richten Sie sich wieder auf und drehen und beugen den Oberkörper so, daß jetzt der linke Ellenbogen das rechte Knie berührt. Wieder 5 Sekunden diese Stellung beibehalten, aufrichten und entspannen. 2mal wiederholen

13 Auch das ist gut für die Wirbelsäule

Setzen Sie sich auf den Boden, strecken Sie die Beine aus. Holen Sie den rechten Fuß zum linken Oberschenkel. Fassen Sie das linke Fußgelenk fest mit beiden Händen. Schwingen Sie den linken Fuß über das rechte Knie, und setzen Sie ihn fest auf den Boden. Mit dem rechten Arm fassen Sie – über dem linken Bein – zum rechten Fuß. Drehen Sie den Oberkörper so weit wie möglich nach links. Die linke Hand legen Sie hinter den Rücken, mit der rechten halten Sie weiter den rechten Fuß fest. Das Kinn ist dicht an der Schulter, die Wirbelsäule gestreckt. Bleiben Sie 10 Sekunden in dieser Stellung, anschließend geschieht das gleiche mit dem jeweils anderen Bein und Arm. Dann entspannen. 2mal wiederholen

Lassen Sie sich nicht entmutigen, wenn diese Übung nicht auf Anhieb funktioniert. Nehmen Sie sich Zeit, haben Sie Geduld. Wenn das funktioniert, dann hat Sie Yoga schon ein ganzes Stück weiter gebracht.

Besser schlafen

Drei wirksame Übungen gegen Einschlafstörungen.
Beruhigen Sie Ihr Gehirn, entspannen Sie Ihren Körper – möglichst eine halbe Stunde vor dem Schlafengehen

1 Haltung bewahren

Legen Sie sich mit dem Rücken auf den Boden, strecken Sie die Arme hinter dem Kopf aus. Jetzt kommen Sie mit Oberkörper und Beinen gleichzeitig hoch und halten mit den Handflächen die Knie. Die Ellenbogen sind ganz durchgestreckt. Bringen Sie Ihre Hände in die Position, die Ihnen hilft, diese Haltung nicht zu verlieren. 1 bis 3 Minuten so bleiben

2 Locker liegen

Legen Sie sich auf die linke Körperseite, ziehen Sie Arme und Beine eng an sich. Die Unterarme ruhen locker auf dem Boden. Bleiben Sie in dieser Haltung 1 bis 2 Minuten. Dann wechseln Sie die Körperseite

3 Leichter Schwung

Setzen Sie sich auf den Boden, ziehen Sie die Knie zum Kopf, und falten Sie die Hände darunter. Der Rücken ist rund, der Kopf liegt auf den Knien. Rollen Sie jetzt mit leichtem Schwung erst rückwärts, dann nach vorn. 10mal wiederholen

Selbstsicher werden

Drei wirksame Übungen für Ihre Selbstsicherheit. Wandeln Sie negative Gefühle wie Unschlüssigkeit oder Langeweile in positive wie Mut, Kraft und Selbstbeherrschung um

1 Flach atmen

Legen Sie sich auf den Bauch, die Handflächen in Brusthöhe auf den Boden setzen. Stemmen Sie den Oberkörper mit den Armen hoch. Nur flach dabei atmen (also in den Brustbereich). Die Arme sind leicht gebeugt, die Fingerspitzen zeigen nach vorn.
1 bis 3 Minuten lang

2 Gleichmäßig atmen

Stellen Sie sich gerade hin, legen Sie die Hände vor der Brust gegeneinander. Winkeln Sie das rechte Bein an, und legen Sie die Fußfläche an die Innenseite des linken Knies. Gleichmäßig atmen und 1 bis 3 Minuten in dieser Stellung bleiben, dann zurück in die Ausgangsstellung. Anschließend das linke Bein anwinkeln

3 Leichte Schwingung

Stellen Sie sich gerade hin, falten Sie die Hände über dem Kopf. Gehen Sie langsam in den Zehenstand, und bleiben Sie etwa 30 Sekunden in dieser gespannten und leicht schwingenden Haltung

Konzentration stärken

Drei wirksame Übungen, damit Sie sich besser konzentrieren können. Lassen Sie nur angenehme Gedanken an sich herankommen – verscheuchen Sie alles, was Sie beunruhigt

1 Schultern locker

Einfach, aber wirksam: Setzen Sie sich auf die Fersen, die Arme ruhen locker auf den Oberschenkeln, die Wirbelsäu[le] ist ganz gerade. Halten Si[e] die Schultern locker und entspannt. Ganz ruhig ein[-] und ausatmen. 1 bis 3 Minuten lang

2 Muskeln entspannen

Knien Sie sich auf den Boden, beugen Sie den Oberkörper weit nach vorn. Die Arme ausstrecken, die Stirn auf den Boden legen. Atmen Sie ganz ruhig, versuchen Sie, alle Muskeln zu entspannen. 1 bis 3 Minuten lang

3 Gleichmäßig atmen

Stellen Sie sich gerade hin, greifen Sie mit der linken Hand den linken Fuß. Den rechten Arm strecken Sie nach oben, die Handfläche zeigt nach vorn. Gleichmäßig atmen. Je Bein 1 bis 3 Minuten lang

Nicht nervös werden

Drei wirksame Übungen gegen Nervosität. Neun von zehn Menschen leiden öfter unter Anspannung und Unruhe. Wiederholen Sie diese Übungen so oft wie möglich

1 Rücken biegen

Legen Sie sich mit dem Bauch auf den Boden, fassen Sie mit den Händen die Knöchel. Atmen Sie ein, heben Sie Kopf und Schultern, und ziehen Sie gleichzeitig die Beine an den Knöcheln hoch – so, daß der Rücken richtig durchgebogen wird. 1 bis 3 Minuten lang

2 Hoch stemmen

Legen Sie sich auf den Rücken. Stemmen Sie aus der Rückenlage den Körper mit den Händen hoch. 1 bis 3 Minuten lang

3 Ganz abschalten

Legen Sie sich auf den Rücken. Beine und Arme sind leicht geöffnet, die Handinnenflächen zeigen nach oben. Tief ein- und ausatmen. Schalten Sie völlig ab, versuchen Sie, an absolut nichts zu denken

Energie schaffen

Drei wirksame Übungen gegen Energielosigkeit. Ärger und Frust spiegeln sich in der angespannten Muskulatur wider. Bauen Sie Spannungen ab, schaffen Sie Ansätze für neue Energie

1 Immer 30 Sekunden

Gehen Sie in die Grätsche – etwa 1 Meter Abstand zwischen den Beinen, die Füße stehen parallel. Heben Sie die Arme seitwärts in Schulterhöhe, die Handflächen zeigen nach unten. Drehen Sie den linken Fuß leicht einwärts, das rechte Bein seitlich nach außen. Beugen Sie den Oberkörper so weit zur Seite, daß die rechte Hand hinter dem rechten Bein den Boden berührt; den linken Arm strecken Sie nach oben. Drehen Sie den Kopf, und schauen Sie zu den ausgestreckten Fingern der linken Hand hoch. Gleichmäßig atmen und diese Stellung bis zu 30 Sekunden halten. Beim Einatmen aufrichten und das Ganze nochmal zur anderen Seite

2 Halsmuskeln entspannen

Knien Sie sich auf den Boden, stützen Sie die Handflächen vor dem Oberkörper auf. Während des Ausatmens strecken Sie die Beine, drücken den Po nach oben. Der Rücken bleibt gerade, die Fersen möglichst noch am Boden. Die Halsmuskeln sollten ganz entspannt sein. Bleiben Sie 30 Sekunden in dieser Stellung, dann in die Ausgangsposition zurück

3 Fersensitz

Setzen Sie sich auf die Fersen, strecken Sie das linke Bein nach hinten, stützen Sie sich mit den Händen auf. Tief einatmen. Beim Ausatmen beugen Sie die Ellenbogen und senken den Oberkörper zum Boden.
4mal wiederholen

Wach bleiben

Vier wirksame Übungen gegen Müdigkeit. Aktivieren Sie Ihren Kreislauf, führen Sie dem Blut Sauerstoff zu – am besten machen Sie die Übungen natürlich an der frischen Luft oder vor dem geöffneten Fenster

1 Im Sprung

Stellen Sie sich gerade hin, winkeln Sie die Arme etwas an, und ziehen Sie im Sprung abwechselnd das rechte und linke Knie zum entgegengesetzten Ellenbogen.
16mal wiederholen

2 Mit Schwung

Stellen Sie sich mit gegrätschten Beinen gerade hin, strecken Sie die Arme seitlich aus. Jetzt lassen Sie den Oberkörper mit Schwung nach unten fallen und kommen wieder hoch. Die Arme in gebeugter und gestreckter Haltung jeweils vor dem Oberkörper überkreuzen.
16mal wiederholen

3 Ganz ruhig

Stellen Sie sich mit leicht geöffneten Beinen gerade hin, strecken Sie die Arme nach oben, dabei einatmen. Beim Ausatmen beugen Sie den Oberkörper und setzen die Handflächen vor den Füßen auf. Etwa 1 Minute in dieser Stellung bleiben, gleichmäßig durchatmen. Weil's schwer ist, genügt es am Anfang völlig, wenn Sie bei dieser Übung mit Ihren Fingerspitzen in Bodennähe kommen

4 Knie hochziehen

Stellen Sie sich gerade hin, heben Sie die Hände über den Kopf. Eine Handfläche berührt den anderen Handrücken. Tief einatmen, dabei das rechte Knie langsam hochziehen und den Fuß an die Knie-Innenseite des linken Beines legen. Behalten Sie diese Stellung einige Sekunden bei, dann lockern und das linke Knie hochziehen

Unruhe bremsen

Drei wirksame Übungen gegen innere Unruhe. Entspannen Sie Ihre Muskeln, beruhigen Sie Ihre Gedanken

1 Schultern entspannen

Setzen Sie sich auf die Fersen, verhaken Sie die Finger, und führen Sie die Arme über den Kopf. Beim Ausatmen Hände lösen, weit nach links drehen, ohne die Hüfte anzuheben. Die Schultern bleiben entspannt. Verharren Sie einige Sekunden in dieser Position, dann wechseln Sie die Seite

2 Tief atmen

Gehen Sie wieder in den Fersensitz. Verhaken Sie die Finger hinter dem Rücken. Sitzen Sie ganz gerade, die Schultern sind entspannt, die Hände bleiben locker. Atmen Sie tief durch die Brust.
1 bis 3 Minuten lang

3 Ruhig atmen

Legen Sie sich auf die linke Körperseite. Den linken Arm strecken Sie nach oben, das linke Bein winkeln Sie an. Das rechte Bein ist gestreckt, der rechte Arm liegt locker hinter dem Rücken. Legen Sie Ihren Kopf auf den linken Arm, atmen Sie ruhig und tief durch. Bleiben Sie 1 bis 3 Minuten in dieser Stellung

Munterer werden

Vier wirksame Übungen gegen Unlust. Gönnen Sie Ihrem Körper dieses Übungsprogramm. Sie überwinden damit Ihre Trägheit und bekommen neuen Schwung

1 Beine beugen

Stellen Sie sich mit gegrätschten Beinen gerade hin, strecken Sie die Arme nach oben. Jetzt abwechselnd das rechte Bein beugen und den rechten Arm weit nach oben recken. Dann die Seite wechseln.
16mal wiederholen

2 Arme schwingen

Stellen Sie sich wieder gerade hin. Schwingen Sie das rechte Bein hoch und gleichzeitig beide Arme zur linken Seite. Dann die Seite wechseln und bei jedem Schwung auf die Zehenspitzen kommen.
8mal wiederholen

3 Knie beugen

Stellen Sie sich gerade hin, die Beine sind nur leicht geöffnet. Einen Arm strecken Sie nach vorn, den anderen zurück. Gehen Sie in die Kniebeuge, und schwingen Sie die Arme im Wechsel vor und zurück.
16mal wiederholen

4 Arme strecken

Stellen Sie sich mit gegrätschten Beinen gerade hin, die Arme strecken Sie nach oben. Jetzt kommen Sie mit dem Oberkörper nach vorn, gehen dabei in die Knie und schwingen die Arme durch die Beine.
8mal wiederholen

Ängste abbauen

Drei wirksame Übungen gegen alles, was Ihnen angst macht. Im deprimierten Zustand neigt man dazu, die Schultern hängen zu lassen, den Kopf schwer zu machen. Mit diesen Übungen beseitigen Sie die Spannungen im oberen Schulterbereich

1 Muskeln spannen

Knien Sie sich mit geschlossenen Beinen auf den Boden, heben Sie die Arme über den Kopf. Legen Sie dann die Hände an die Hüften und biegen Sie den Rücken nach hinten. Spannen Sie Po- und Oberschenkelmuskeln. Drücken Sie die Hüften so nach vorn, daß die Oberschenkel senkrecht bleiben. Jetzt langsam mit den Händen zu den Fersen kommen. Etwa 10 bis 20 Sekunden in dieser Stellung bleiben, dann aufrichten

2 Kräftig dehnen

Stellen Sie sich in weiter Grätsche auf, die Arme seitlich ausgestreckt, die Handflächen zeigen nach unten. Drehen Sie den rechten Fuß leicht einwärts und das linke Bein so nach außen, daß die linke Ferse auf gleicher Höhe mit dem Spann des rechten Fußes ist. Drehen Sie den Kopf nach links, schauen Sie über die Fingerspitzen hinweg. Der ganze Körper ist kräftig gedehnt. Bleiben Sie 30 Sekunden in dieser Stellung, dann lockern und die Übung zur anderen Seite wiederholen

3 Arme strecken

Stellen Sie sich gerade hin, strecken Sie die Arme weit über den Kopf. Verhaken Sie die Finger, drehen Sie die Handflächen nach außen. Behalten Sie diese Dehnung einige Sekunden bei, dann zurück in die Ausgangsstellung und die Übung 1mal wiederholen

Das hilft gegen Schmerzen

Die Übungen auf dieser Seite sind besser als der schnelle Griff zur Tablette. Bei heftigen Schmerzen – besonders bei Ziehen und Stechen in der Herzgegend – sollten Sie aber sofort einen Arzt aufsuchen

1 Wenn die Finger anschwellen

Arme so anwinkeln, daß sich die gespreizten Finger berühren. Fingerkuppen gegeneinanderpressen und dabei ausatmen. Etwa 6 Sekunden, dann wieder lockern.
6mal wiederholen

3 Wenn der Rücken lahm ist

Auf den Bauch legen, die Arme neben dem Körper ausgestreckt. Tief einatmen, beim Ausatmen dann Beine und Schultern anheben. Dabei den Kopf nicht höher als die Füße strecken.
6mal wiederholen

Wenn der Nacken verspannt ist

In den Schneidersitz setzen, Nacken- und Halsmuskeln anspannen. Den Kopf mit den Händen nach vorn drücken.
6mal wiederholen

4 Wenn der Bauch weh tut

Auf den Rücken legen, Knie leicht angewinkelt, die Füße auf den Boden setzen. Die Arme sind seitlich ausgestreckt. Jetzt Knie auf die linke Seite legen, nach einigen Sekunden auf die rechte Seite wechseln. Ruhig und tief atmen.
6mal wiederholen

Ernähren Sie sich richtig?

Mit den Antworten auf diese sieben einfachen Fragen können Sie Ihr Ernährungsverhalten einschätzen. Alle Begriffe, die dabei auftauchen, werden in den Fragen und Antworten auf den Seiten 149 bis 157 erläutert.

Haben Sie Übergewicht?

Immer	= 0 Punkte
gelegentlich	= 1 Punkt
nie	= 3 Punkte

Achten Sie auf eine gesunde Mischkost?

Immer	= 3 Punkte
gelegentlich	= 2 Punkte
nie	= 0 Punkte

Essen Sie gerne fett?

Immer	= 0 Punkte
ab und zu	= 1 Punkt
nie	= 3 Punkte

Bevorzugen Sie ballaststoffreiche Nahrungsmittel?

Immer	= 3 Punkte
gelegentlich	= 1 Punkt
nie	= 0 Punkte

Verbrauchen Sie viel Zucker?

Immer	= 0 Punkte
gelegentlich	= 1 Punkt
nie	= 3 Punkte

Salzen Sie viel, essen Sie viele salzhaltige Lebensmittel?

Immer	= 0 Punkte
gelegentlich	= 1 Punkt
nie	= 3 Punkte

Trinken Sie viel Alkohol?

Immer	= 0 Punkte
gelegentlich	= 1 Punkt
nie	= 3 Punkte

Das sagen die Punktezahlen über Ihre Ernährungsgewohnheiten

0–7 Punkte: Wirklich erstaunlich, daß es Ihnen noch so gut geht. Sie sollten aber vorsorglich einen Arzt aufsuchen.

8–14 Punkte: Sie machen sich Gedanken über Ihre Eß- und Trinkgewohnheiten – und wissen, daß Sie noch viel konsequenter sein müßten.

15 Punkte und mehr: Sie sind auf dem richtigen Weg. Aber vergessen Sie bitte nicht, daß vernünftige Ernährung ohne regelmäßige sportliche Betätigung nur halb so wertvoll ist.

Von den Profis lernen

Muß man eigentlich, nur wenn man ein bißchen sportlich sein will, bei der Ernährung bestimmte Regeln beherzigen? Ja – denn so können Sie ohne großen Aufwand viel für Ihr Wohlbefinden tun. Die wichtigsten Fragen und Antworten zum Thema Sport & Ernährung finden Sie auf dieser und den nächsten Seiten

Was sind eigentlich Grundnährstoffe?

Das sind Nährstoffe, die Energie liefern – also Kohlenhydrate, Fette und Eiweiße (Proteine). Essentielle Nährstoffe – solche, die der Körper nicht selbst herstellen kann, sind essentielle Aminosäuren, essentielle Fettsäuren, Vitamine, Mineralstoffe, Spurenelemente, Wasser.

Wieviel Kalorien enthalten die Grundnährstoffe?

Ein Gramm Kohlenhydrate hat im Durchschnitt 4,1 Kilokalorien (kcal), ein Gramm Fett 9,3 kcal, ein Gramm Eiweiß 4,1 kcal.

Worin unterscheiden sich Kohlenhydrate, Fett und Eiweiß?

Kohlenhydrate und Fette werden hauptsächlich in Energie umgewandelt. Eiweiß ist für den Aufbau der Körperzellen wichtig – ganz besonders in der Wachstumsphase. Wenn Sie Ihr Körpergewicht reduzieren wollen, sollten Sie möglichst fettarm essen und trinken – zum Beispiel mageres Kalbsschnitzel statt Schweinebraten und entrahmte Milch statt Vollmilch.

Wie hoch ist der tägliche Energiebedarf?

Wenn Sie eine vorwiegend sitzende Tätigkeit ausüben, verbrauchen Sie pro Tag etwa 2000 Kilokalorien. Schwerarbeiter benötigen bis zu 5.000 Kilokalorien.
Wer's ganz genau wissen möchte, kann seinen persönlichen Kalorienbedarf so ausrechnen: Pro Kilogramm Körpergewicht, das Sie halten wollen, dürfen Sie rund 30 Kalorien täglich zu sich nehmen. Wer viel Sport treibt oder körperlich arbeitet, darf diese Grenze auch überschreiten.

Wirkt sich die Ernährung unmittelbar auf die sportliche Leistungsfähigkeit aus?

Im Prinzip ja. Aber wenn Sie nur ein bißchen Freizeitsport betreiben, brauchen Sie natürlich kein sportspezifisches Ernährungsprogramm – das unterscheidet sich von Sportart zu Sportart auch ganz beträchtlich. Grundsätzlich kann man sagen: Da Übergewicht immer hinderlich ist (am besten noch beim Radfahren und Schwimmen zu ertragen), sollten Sie auf einen vernünftigen Kalorienverbrauch achten und möglichst wenig Fett verzehren. Gut zu wissen: Fett, das schon mal im Körper angesammelt ist, können Sie mit Sport wieder ›verbrennen‹. Das funktioniert aber nur, wenn Sie sich im sogenannten ›aeroben‹ Bereich bewegen – also mit möglichst geringer Belastung (Pulsfrequenz ca. 130). Beispiel: Lieber langsam und länger laufen als schnell und kurz. Auf den Seiten 70 bis 81 wird das Prinzip der aeroben Sportarten (gleich Ausdauersport) übrigens ausführlich erklärt.

Ist es denn wirklich so wichtig, zwischen anaeroben und aeroben Sportarten zu unterscheiden?

Entscheidend ist nur, was Ihnen Spaß macht. Spielen Sie gerne Tennis – tun Sie es. Jede Bewegung ist besser als keine. Anaerobe Belastungen sind nur durch hohen Verbrauch von Kohlenhydraten möglich – hinterher haben Sie Hunger und essen unter Umständen mehr, als Sie vorher an Energie verbraucht haben.

Welche Energieform unterstützt die Muskelarbeit am besten?

Letztlich entscheidend für die Muskelarbeit sind energiereiche Phosphate – das Adenosintriphosphat (ATP) und das Kreatinphosphat (KP). ATP und KP regenerieren sich hauptsächlich aus Kohlenhydraten und Fetten. Jetzt kommt es natürlich darauf an, was Sie erreichen wollen – möchten Sie Fettgewebe abbauen, sollten Sie nur im aeroben Bereich aktiv sein (s. Frage 5 und Seiten 70/71).

Hinzu kommt, daß die Energiegewinnung aus Fetten für den ATP-Speicher wertvoller ist als die aus Kohlenhydraten. Besonders für Frauen (die einen relativ größeren Fettanteil im Körper speichern als Männer) ist Ausdauersport (gleich aerober Sport) die ideale Ergänzung zu einer kalorienreduzierten Ernährung.

Was sind ›leere Kalorien‹?

›Leere Kalorien‹ liefern nur Energie, sonst nichts. Beispiele dafür sind Alkohol und Haushaltszucker. Wenn Sie abnehmen möchten, sollten Sie auf beides möglichst verzichten. Halten Sie sich lieber an stärkehaltige Nahrungsmittel wie Reis, Brot, Kartoffeln, Teigwaren, Hülsenfrüchte, dann nehmen Sie gleichzeitig Eiweiß, Vitamine, Mineral- und Ballaststoffe zu sich.

Welche Funktion haben die Vitamine?

Sie steuern den Stoffwechsel, sorgen dafür, daß Nahrungsenergie in körpereigene Energie umgewandelt wird. Vitamine sind für die geistige und körperliche Entwicklung gleichermaßen wichtig. Sie stärken die Leistungsfähigkeit und helfen bei der Abwehr von Krankheiten.

Welche Wirkung haben die einzelnen Vitamine? Und worin sind sie enthalten?

Vitamin A ist wichtig für gutes Sehen, reine Haut, Wachstum. Es steckt in Leber, Milch, Käse, Eiern, Fisch, außerdem wird es Pflanzenmargarine zugesetzt. Vitamin A kann auch aus Carotin (Möhren, Tomaten, Feldsalat, Aprikosen, Pfirsiche) gebildet werden. Wichtig: Vitamin A ist ein fettlösliches Vitamin – es braucht also etwas Nahrungsfett (Beispiel: Karotten mit Butter), um bei der Verdauung aufgenommen zu werden. Fettlöslich sind auch die Vitamine D, E und K. Vitamin D (Eier, Leber, Pilze) ist wichtig für die Bildung und Erhaltung der Knochensubstanz, Vitamin E (Weizenkeimöl, Walnußöl) unterstützt den Fettstoffwechsel und die Stabilisierung der Zellen, Vitamin K ist für die Blutgerinnung wichtig. Zu den wasserlöslichen Vitaminen gehört Vitamin C (frisches Obst und Gemüse). Sie bekommen es in der Apotheke unter der Bezeichnung Ascorbinsäure. Vitamin C spielt bei vielen Reaktionen im Körper eine wichtige Rolle und hilft gegen Infektionen.

Sollte man die Ernährung mit Vitaminpräparaten ergänzen?

Mit einer vernünftigen Mischkost nehmen Sie alles zu sich, was für eine gesunde Ernährung wichtig ist. Wenn Sie intensiv Sport betreiben, ist der Vitaminbedarf allerdings deutlich höher. Das betrifft vor allem die Vitamine der B-Gruppe (B_1, B_2, B_6). Vitamin C wird verstärkt mit dem Schweiß ausgeschieden. Ergänzungspräparate sind aber nur notwendig, wenn Sie sich sehr einseitig ernähren, also zum Beispiel ganz auf frisches Obst und Gemüse verzichten.

Beim Laufen verliere ich jede Menge Schweiß, muß ich das irgendwie ausgleichen?

Mit Flüssigkeit in jedem Fall. Wenn Sie Mineralwasser trinken, stabilisieren Sie damit den Salzhaushalt Ihres Körpers. Denn beim Schwitzen verlieren Sie Kalium, Natrium, Calcium, Magnesium und Phosphorsäure (alles wichtige Elemente für den Ablauf der Muskelkontraktionen). Sie brauchen deshalb aber nicht zu Spezialpräparaten zu greifen. Mineralwasser (mit möglichst geringem Natriumgehalt) tut's auch.

Viel trinken – warum ist das auch beim Abnehmen so wichtig?

Wenn Sie Diät halten, sollten Sie mindestens zweieinhalb Liter kalorienfreie Flüssigkeit zu sich nehmen – Wasser, Mineralwasser, Kräuter- oder Früchtetees. Denn bei Reduktionskost baut der Körper Fettgewebe ab. Dabei entstehen Abbaustoffe, die den Körper übersäuern können, wenn sie nicht durch Flüssigkeit neutralisiert werden.

Muß ich unbedingt Getreide essen, um die wichtigen Ballaststoffe zu bekommen?

Nein, Sie können Ihren Ballaststoffbedarf auch mit Vollkornreis, Vollkornbrot, Obst, Gemüse und Kartoffeln decken.

Wie werden Kohlenhydrate im Körper gespeichert?

Die Speicherform der Kohlenhydrate nennt man Glykogen; es wird in der Leber und in der Skelettmuskulatur gespeichert. Mit Ausdauersport (Seiten 70 bis 81) können Sie diese Glykogenspeicher vergrößern.

Das geht aber nur bis zu einem bestimmten Maß, ein Überangebot an Kohlenhydraten wird in Fett umgewandelt und vor allem im Unterhautfettgewebe gespeichert.

Steigert Traubenzucker die Leistungskraft?

Traubenzucker gibt tatsächlich einen Energieschub – aber nur vorübergehend und mit fatalen Wirkungen. Denn Traubenzukker läßt den Blutzuckerspiegel abrupt ansteigen und führt zu einer starken Ausschüttung des blutzuckersenkenden Hormons Insulin. Das ist womöglich eine gefährliche Reaktion, denn jetzt kann der Blutzuckerspiegel stark absinken. Sie werden müde und sind unkonzentriert.

Wie wichtig sind Aminosäuren für die gesunde Ernährung?

Der Körper kann nur einige Aminosäuren selbst produzieren, mindestens acht (beim Kleinkind neun) müssen über die Nahrung aufgenommen werden. Als Lieferanten kommen tierisches und pflanzliches Eiweiß in Frage (siehe Frage 19). Aminosäuren sind für die Regenerierung des Gewebes wichtig – also auch für Haut, Haare, Nägel; können aber nicht gespeichert werden. Rund zehn bis 15 Prozent der Kalorien, die wir zu uns nehmen, bestehen aus Proteinen (dem Basisstoff der Aminosäuren). Der Überschuß wird in der Leber in Glucose verwandelt, setzt sich als Körperfett fest oder wird als Energie verbrannt. Das letztere aber, wie gesagt, nur, wenn Sie den richtigen Sport betreiben.

Diäten sind in Verruf geraten – was also tun, wenn man abnehmen möchte?

Schädlich sind nur einseitige, extreme sowie zu häufige Diäten. Kalorienreduzierte Mischkost-Diäten (wie die von JOURNAL FÜR DIE FRAU) helfen Ihnen, auf gesunde Weise abzunehmen. Zu Beginn einer Diät verliert der Körper Wasser und verbraucht Glykogen, also gespeicherte Kohlenhydrate. Erst später greift er auf Muskelmasse und Fett zurück. Andererseits verzögern Diäten von vier Wochen und mehr den Stoffwechsel, der Körper schaltet auf Sparflamme und verbraucht weniger Energie. Trotzdem sind Diäten wichtig, weil Sie sich in dieser Zeit intensiv mit Ihrer Ernährung beschäftigen und ganz einfach gesünder leben. Wenn Sie gleichzeitig eine Sportart betreiben, können Sie den ungewollten ›Sparflammen-Effekt‹ verhindern, denn dabei wird Ihr Körper zuerst Fett ›verbrennen‹ – und das ist es ja, was Sie mit einer Diät erreichen möchten.

Was ist von sogenannten Aufbaupräparaten zu halten?

Wenn die sportliche Belastung hoch ist, können Aufbaupräparate – sie enthalten Kohlenhydrate, Eiweiß, Mineralstoffe und Vitamine – eine sinnvolle Ergänzung zu einer ausgewogenen Ernährung sein. Sie sollten nicht vorbeugend (das belastet nur Körper und Geldbeutel), sondern nur nach intensiver sportlicher Aktivität eingenommen werden.

Welchen Sinn haben Ballaststoffe bei der Ernährung?

Ballaststoffe sind unverdauliche Nahrungsbestandteile, die besonders in Hülsenfrüchten, Getreidekörnern, Gemüse und Trockenobst stecken. Rund 20 Gramm Ballaststoffe sollten Sie täglich zu sich nehmen. Weil die übliche Zivilisationskost nur wenig Ballaststoffe enthält, empfiehlt es sich, seine normale Ernährung gezielt damit abzurunden. Ballaststoffe saugen im Darm Gallensäure auf, helfen bei Stoffwechselerkrankungen, Arteriosklerose und Gallensteinen. Außerdem regen sie die Verdauung an und sättigen nachhaltig.

Was ist besser – pflanzliches oder tierisches Eiweiß?

Einige Eiweißarten enthalten zwar alle Aminosäuren wie zum Beispiel Fleisch, Fisch, Milch, Käse, Eier. Das heißt aber nicht, daß tierisches Eiweiß prinzipiell hochwertiger ist als pflanzliches. Besonders für Fettstoffwechsel-Gestörte kann es sogar schädlich sein, denn es liefert viel Cholesterin. Besonders gut kann der Körper Kombinationen von tierischem und pflanzlichem Eiweiß verwerten. Gut sind Gerichte wie Kartoffeln mit Ei oder Fleisch mit Hülsenfrüchten.

Ist Fett gleich Fett?

Nein, denn Fette bestehen aus verschiedenen Fettsäuren. ›Gesättigte Fettsäuren‹ sind in tierischen Fetten enthalten – und die liefern zugleich jede Menge Cholesterin, das unter anderem zu Arteriosklerose führen kann. Pflanzliche Fette enthalten einen höheren Anteil an lebensnotwendigen, mehrfach ungesättigten Fettsäuren. ›Ungesättigte Fettsäuren‹ sind vor allem in Pflanzenöl enthalten. Wenn Sie Margarine essen, sollten Sie eine mit ›mehrfach ungesättigten Fettsäuren‹ nehmen – die enthält die lebenswichtige Linolsäure.

Warum ist Eisenmangel besonders für Frauen ein Problem?

Die Eisenversorgung erreicht bei Frauen im gebährfähigen Alter oft nur die unterste Grenze, weil sie bei jeder Menstruation Eisen verlieren. Auch mit dem Schweiß wird Eisen ausgeschieden. Eisen ist aber ein wichtiger Bestandteil des Hämoglobins (roter Blutfarbstoff), das Sauerstoff transportiert. Besonders sporttreibende Frauen sollten deshalb auf eine ›eisenhaltige‹ Nahrung – Schnittlauch, Weizenkeime, Vollkornprodukte, Hülsenfrüchte – achten.

Gesund essen und trinken – heißt das, daß man auf Alkohol verzichten muß?

Alkohol gelangt über Magen und Darm schnell ins Blut und wird dann gleichmäßig im Körper verteilt. Schwangere und stillende Mütter sollten grundsätzlich auf Alkohol verzichten – denn der gerät über die Plazenta in den Blutkreislauf des Fötus oder in die Muttermilch. Nehmen Sie täglich mehr als 70 Gramm Alkohol zu sich, ist ein Leberschaden vorprogrammiert. Schon bei 50 Gramm täglich – das entspricht etwa zwei Flaschen Bier – erkranken nach einer schwedischen Untersuchung 19 Prozent der Menschen an einer Leberzirrhose, 49 Prozent leiden unter einer Gehirnschrumpfung. Und wenn schon Alkohol, dann zumindest keine hochprozentigen Spirituosen, sondern lieber Wein oder Bier.

Macht Kaffee wirklich munter?

Vorübergehend ja. Bleibt es bei 200 Milligramm Coffein (soviel ist etwa in zwei Tassen enthalten), wird die Großhirnrinde angeregt. Man fühlt sich wacher, aufnahmefähiger. Kaffee in dieser Menge aktiviert den Fettstoffwechsel, was gerade für Ausdauersportler von Vorteil ist, weil dann die Glykogenspeicher in Muskeln und Leber nicht so schnell abgebaut werden. Größere Mengen Kaffee können allerdings zu Nervosität, Schweißausbrüchen und Schlaflosigkeit führen.

Abnehmen durch Sport

Daß man durch die richtigen sportlichen Aktivitäten an Gewicht verlieren kann, haben Sie auf den vorherigen Seiten gelesen. Hier wird nun der konkrete Beweis dafür angetreten – mit zwei ganz unterschiedlichen Tabellen-Auflistungen

In der oberen Tabelle rechts sehen Sie, welchen Energieverbrauch und Fettabbau bestimmte Sportarten bewirken. Die Zeiten und Geschwindigkeiten sind jeweils so ausgesucht, daß Sie sich im aeroben Bereich bewegen (s. S. 70), also immer genügend Sauerstoff für die Verbrennung in den Muskelzellen vorhanden ist.

Zum Vergleich finden Sie dann in der unteren Tabelle die Zeiten, die Sie trainieren müssen, um zugeführte Energie wieder abzuarbeiten. Auch diese Übungen bewegen sich im aeroben Bereich, weil dann weniger Schlackenstoffe anfallen.

So helfen die einzelnen Sportarten

Sportart		Energieverbrauch pro 30 Minuten in Kilojoule/Kilokalorien		Abbau von Fettgewebe Gramm
Gehen	4,5 km/Std.	420 kJ	100 kcal	14 g
Wandern	6 km/Std.	546 kJ	130 kcal	19 g
Dauerlauf	9 km/Std. 12 km/Std.	1399 kJ 1491 kJ	333 kcal 355 kcal	48 g 51 g
Radfahren	9 km/Std. 15 km/Std.	525 kJ 798 kJ	125 kcal 190 kcal	18 g 27 g
Gymnastik	Lockerungs- und Dehnübungen	441 kg	105 kcal	15 g
Schwimmen	20 m/Min.	651 kJ	155 kcal	22 g
Skilanglauf	9 km/Std.	1323 kJ	315 kcal	45 g
Tischtennis		664 kJ	158 kcal	23 g
Tennisspielen		756 kJ	180 kcal	26 g
Tanzen	Foxtrott Walzer	651 kJ 756 kJ	155 kcal 180 kcal	22 g 26 g

So werden Sie Kalorien wieder los

Nahrungsmittel	Energie kJ/	kcal	Sportart
Für eine halbe Tafel Schokolade, 50 g	1155	275	25 Min. Dauerlauf (9 km/Std.) 66 Min. Radfahren (9 km/Std.) 53 Min. Schwimmen
Für eine Flasche Bier, 0,5 l	1008	240	22 Min. Dauerlauf (9 km/Std.) 40 Min. Tennis spielen 46 Min. Foxtrott tanzen
Für eine Portion Pommes frites, 150 g	1386	330	30 Min. Dauerlauf (9 km/Std.) 94 Min. leichte Gymnastik 76 Min. Wandern
Für ein Stück Schwarzwälder Kirschtorte	1848	440	40 Min. Dauerlauf (9 km/Std.) 56 Min. Konditionsgymnastik
Für vier Trüffel-Pralinen	1176	280	25 Min. Dauerlauf (9 km/Std.) 65 Min. Wandern
Für einen Beutel geröstete Erdnüsse (100 g)	2520	600	54 Min. Dauerlauf (9 km/Std.) 57 Min. Skilanglaufen

Tabellen auf Seite 157 mit freundlicher Genehmigung des Autors entnommen aus: Dipl.-Sportlehrer Theo Stemper, Gesundheit – Fitness – Freizeitsport, Bund-Verlag, Köln, 1988, 16,80 Mark, ISBN 3-7663-3081-0

Literatur- und Quellenverzeichnis

Dr. med. Christoph Schenk, ›Streß bewältigen durch Entspannung‹, Band 0834, Niedernhausen, Falken-Verlag

Prof. Dr. Hans Eberspächer, ›Streßausgleich und Entspannung durch Bewegungstraining‹, München, sportinform Verlag

Prof. Dr. Theodor Hettinger, ›Fit sein – fit bleiben‹, Isometrisches Muskeltraining für den Alltag‹, Stuttgart, Thieme Verlag

Hilde-Sabine Reichel, ›Hilfe bei Rückenschmerzen‹, München, sportinform Verlag

Nöcker, Baron, Inzinger, ›Sport-Ernährung‹, Rastatt, Moewig-Verlag

Prof. Dr. K.-D. Hüllemann, ›Sport für Raucher‹, München, sportinform Verlag

Lautenschläger, Hamm, Lagerstrøm, ›Wellness, die neue Fitness‹, München, Goldmann Verlag

Marie E. Lange-Ernst, ›Gesund durch Spurenelemente‹, München, Goldmann Verlag

Prof. Dr. Klaus Jung, ›Sport und Ernährung‹, Aachen, Meyer & Meyer Verlag

Mannerberg/Roth, ›Die Aerobic-Diät‹, München, Heyne-Verlag

Peter Konopka, ›Sporternährung‹, München, BLV Verlag

Miriam Polunin, ›Gesund leben, fit sein‹, Freiburg i. Br., Herder-Verlag

Prof. Dr. Horst Cotta, ›Sport treiben, gesund bleiben‹, München, Piper-Verlag

Das Ratgeber-Programm

JOURNAL FÜR DIE FRAU – Deutschlands große klassische Frauenzeitschrift – macht Bücher für ein besseres Leben. Jeweils 160 Seiten stark, durchgängig farbig, 29,80 DM preiswert. Und: Jeweils mit einem besonderen EXTRA. Welche das sind, können Sie auf den einzelnen Titeln hier oben nachlesen. Oder angucken – im Buchhandel